DEUTSCH ALS FREMDSPRACHE NIVEAUSTUFE B1

TANGRAM aktuell 3

Übungsheft

Silke Hilpert

Hueber Verlag

Quellenverzeichnis

Seite 20: Fotos: © irisblende.de
Seite 23: Foto: © PhotoDisc/MHV
Seite 24: Foto: © argum/T. Einberger
Seite 26: Foto: © PhotoDisc/MHV
Seite 27: Weltkarte © mev/MHV
Seite 30: Fotos: © DIZ/SV-Bilderdienst/ a) Felix Wilder, b) Kh. Egginger, c) Sven Simon, d) Tschauner, e) Teutopress, f) und g) dpa
Seite 35: Fotos: © PhotoDisc/MHV
Seite 55: Foto: © Bildagentur Anne Hamann/Horst A. Friedrichs
Seite 59: Foto: © Bildagentur Anne Hamann/Jörg Reuther
Seite 64: Fotos: RTL/Stefan Gregorowius, Leverkusen
Seite 69: Fotos: a) ARD/WDR Tatort c) Thomas Mann, Buddenbrooks © S. Fischer Verlag GmbH Frankfurt a. M. d) Yann Arthus-Bertrand, Die Erde von oben. Ein Jahrhundertprojekt © Federking & Thaler, München 2003 e) Sven Regener, Herr Lehmann © ROOF Music GmbH f) SZ Wissen 09/2006 © DIZ

Wir haben uns bemüht, alle Inhaber von Bild- und Textrechten ausfindig zu machen. Sollten Rechteinhaber hier nicht aufgeführt sein, wäre der Verlag für entsprechende Hinweise dankbar.

4. 3. 2. | Die letzten Ziffern
2012 11 10 09 08 | bezeichnen Zahl und Jahr des Druckes.
Alle Drucke dieser Auflage können, da unverändert, nebeneinander benutzt werden.
1. Auflage

Umschlagbild: © MEV/MHV
Zeichnungen: LYONN cartoons comics illustration, Köln
Verlagsredaktion: Annette Albrecht, Hueber Verlag, Ismaning
Produktmanagement und Herstellung: Astrid Hansen, Hueber Verlag, Ismaning
Druck und Bindung: Ludwig Auer GmbH, Donauwörth
Printed in Germany
ISBN 978-3-19-221818-7

Inhalt

Inhalt

Beziehungen

Übungen zu Teil A

1 Kontaktanzeigen

Ergänzen Sie die Endungen.

-voll ◆ -ig ◆ -isch ◆ -reich ◆ -lich

a) **Den König will ich …** und nicht den Prinzen. Bin niveau*voll*, energ_____, sehr erfolg_____, groß und schlank, dunkelhaar_____ und sehr leidenschaft_____. Bist Du mein König? Dann melde Dich! Chiffre 4586

b) **Keine Traumfrau gesucht, aber eine Frau für den Rest des Lebens.** Ich, 1944 geboren, 170/75 fantasie_____, häus_____ und zuverläss_____. Süddeutscher Raum. Chiffre 3495

c) **Zu anspruchs_____???** Den Mann will ich finden, der mich mit meinen Stärken und Schwächen akzeptiert. Der natür_____ und humor_____ ist und auch noch Kinder mag (2 Kinder). Bin sport_____, aber trotzdem nicht superschlank. Ich (Akademikerin 38/1,69) weiß, dass es Dich gibt und freue mich auf Deinen Brief. Chiffre 239

d) **Romant_____e Realistin,** Anfang 50, intelligent und lebenslust_____. Sind Sie ehr_____, zärt_____ und gefühl_____ und haben den Mut, eine neue Beziehung aufzubauen? Sind Sie ebenfalls groß, über 1,80, und ungebunden? Melden Sie sich unter Chiffre 459

e) **Genau Dich suche ich,** denn ich habe genug von dummen und langweil_____en Frauen. Bist Du ca. 60 Jahre und optimist_____, so melde Dich. Chiffre 457

2 Nomen

Bilden Sie die Nomen aus den Adjektiven. Ergänzen Sie die Endungen.

-heit ◆ -keit ◆ -ität

a) natürlich *die Natürlichkeit*
b) offen __________
c) leidenschaftlich __________
d) sportlich __________
e) zuverlässig __________
f) ehrlich __________
g) attraktiv __________
h) aktiv __________
i) seriös __________
j) sensibel __________

3 Reflexivpronomen im Akkusativ 1

Ergänzen Sie.

a) Habt ihr *euch* wieder gestritten?
b) Setzen Sie __________ doch bitte.
c) Wir bedanken __________ recht herzlich für Ihre Glückwünsche zum Geburtstag.
d) Sie langweilt __________ zu Hause und möchte ihren Urlaub doch lieber woanders verbringen.
e) Ich muss __________ leider schon verabschieden. Mein Mann wartet auf mich.
f) Melde __________ gleich morgen früh bei mir!
g) Sie entschuldigen __________ für die Verspätung.

4 Reflexivpronomen im Akkusativ 2

Ergänzen Sie.

a) Erinnere *mich* ______ bitte daran, dass ich meine Mutter heute noch anrufe. Sie hat Geburtstag. – Also, da musst du schon selbst dran denken.

b) Ich habe ______ seit Langem mal wieder so richtig verliebt. – In wen denn? Doch hoffentlich nicht in Oskar!

c) Treffen wir ______ heute Abend zum Grillen? – Ja, gerne, hoffentlich bleibt das Wetter schön.

d) Stellen Sie ______ vor, Sie haben ein ganzes Jahr lang Urlaub. Was würden Sie tun? – Erst einmal für ein paar Wochen ganz weit weg fliegen.

e) Setz ______ doch und geh nicht immer von einem Zimmer ins andere. – Nein, da werde ich nur noch nervöser.

f) Ist das nicht ein furchtbarer Tag heute? Ich langweile ______ schon, seit ich aufgestanden bin. – Geh doch ein bisschen spazieren, vielleicht kommst du dann auf andere Gedanken.

g) Weißt du, das Problem ist, dass sie ______ für so ganz andere Dinge interessiert als ich. Hast du ______ zum Beispiel schon einmal mit Astrologie beschäftigt? – Nein, das interessiert ______ auch nicht besonders.

h) Erholt ______ gut im Urlaub! – Danke, das haben wir auch wirklich nötig.

i) Ärgere ______ nicht mehr über ihn, es hat keinen Zweck, er wird sich nicht ändern. – Ja, du hast ja recht.

j) Und, wie war euer Treffen gestern? Habt ihr ______ gut amüsiert? – Na ja, eigentlich nicht so, Ulrich ist am Schluss eingeschlafen.

k) Wir fahren für eine Woche weg. Könntet ihr ______ um unsere Blumen kümmern? – Ja klar, kein Problem.

l) Hast du ______ schon entschieden, mit wem du in Urlaub fährst? – Ehrlich gesagt, würde ich am liebsten alleine fahren. Da gibt es wenigstens keinen Ärger.

5 Personalpronomen oder Reflexivpronomen im Akkusativ?

Unterstreichen Sie das richtige Pronomen.

a) Wolltest du deine Schwester nicht mitbringen? Ich würde *sie/sich* gerne einmal kennenlernen.

b) Triffst du *dich/sich* heute mit Sonja? – Nein, sie hat *sie/sich* schon mit einer anderen Freundin verabredet.

c) Wie war eigentlich deine Verabredung mit dem Typ aus der Kontaktanzeige? – Ach ganz interessant. Er hat *mich/sich* abgeholt und dann sind wir schön essen gegangen.

d) Und, triffst du *dich/sich* noch einmal mit ihm? – Vielleicht, er wollte *ihn/sich* melden.

e) Ich gratuliere dir zu deiner Hochzeit. Das ging aber ganz schnell. – Ja, ich habe *sie/sich* gesehen und wusste: Das ist die Frau meines Lebens.

f) Wie siehst du denn aus? Du bist ja ganz verheult. Komm rein und setz *dich/sich* erst einmal. Was ist denn passiert? Hast du *dich/sich* wieder mit Martin gestritten? – Nein, viel schlimmer, ich habe *mich/sich* endgültig von ihm getrennt. Und wie hat er reagiert? – Ich weiß es nicht, ich habe ihm einen Brief geschrieben. Er wird *ihn/sich* heute Abend erst lesen.

6 In Deutschland: Statistisch gesehen ...

Ergänzen Sie die Verben.

sich trennen ◆ sich verändern ◆ ~~sich kümmern~~ ◆ sich amüsieren ◆ sich beklagen ◆ sich versöhnen ◆ sich erholen ◆ sich entschuldigen

Statistisch gesehen ...

a) *kümmern* ______ *sich* ______ nach wie vor mehr Frauen um die Kinder als Männer. Es gilt immer noch: Die Mutter gehört zum Kind.

b) ______________ ________ zunehmend die Frauen von ihren Partnern. Sie sind heutzutage vor allem auch finanziell unabhängiger.

c) ______________ ________ Frauen nach einem Streit eher bei den Männern. Männer können ________ nur schwer ______________.

d) sind die Frauen eher dazu bereit ________ zu ______________ als die Männer. Männer sind bequemer und viel mehr Gewohnheitsmenschen. Sie ______________ ________ sehr schnell an eine Situation.

e) ______________ ________ Frauen besser als Männer. Sie lachen öfter.

f) ______________ ________ Frauen nach der Arbeit besser als die Männer. Sie besuchen eher Entspannungs- oder Fitnesskurse.

7 Antwort auf eine Kontaktanzeige

Ergänzen Sie die Präpositionen.

a) Ja, es gibt mich! Und ich möchte mich gern *um* Dich und Deine Kinder kümmern. Melde Dich doch ______ mir. Ich freue mich ______ Deine Antwort. [*c*]

b) Du brauchst Dich nicht mehr ______ dumme und langweilige Frauen zu ärgern. Ich bin das genaue Gegenteil! Ich interessiere mich ______ alles, was Spaß macht und kann mich nicht ______ Langeweile beklagen. [ ]

c) Sei Du meine Königin! ______ der Rolle des Prinzen habe ich mich schon längst verabschiedet. Das genügt mir nicht. Ich denke, wir würden uns sehr gut verstehen. [ ]

Lesen Sie noch einmal die Kontaktanzeigen in Übung 1. Was passt zusammen? Markieren Sie.

Übungen zu Teil B

8 Wortschatz

Ergänzen Sie die passenden Wörter.

Partnerwahl ◆ ~~Gesprächspartner~~ ◆ Lebenspartner ◆ Partnerschaft ◆ Traumpartner

a) Mein heutiger *Gesprächspartner* ist Professor Weininger von der Universität Köln.

b) Das Wichtigste in einer ______________________ ist das gegenseitige Vertrauen.

c) Die richtige ______________________ ist nach Meinung der Psychologen auch vom Zufall abhängig.

d) Mit meinem derzeitigen ______________________ wohne ich seit einem Jahr zusammen.

e) Ich weiß genau, wie mein ______________________ sein soll. Bis jetzt ist er mir allerdings noch nicht begegnet.

9 Redemittel zur Meinungsäußerung

Was passt? Markieren Sie.

nach der Meinung fragen

1 Sie fragen nach der Meinung.
- ✗ a) Was hältst du/halten Sie von …?
- ☐ b) Ich denke/meine, (dass) …
- ☐ c) (Ich glaube,) das siehst du/sehen Sie falsch.

seine Meinung sagen

2 Sie sagen Ihre Meinung.
- ☐ a) Was meinst du/meinen Sie denn dazu?
- ☐ b) Da hast du/haben Sie recht.
- ☐ c) Meiner Meinung nach …

(feste) Überzeugungen ausdrücken

3 Sie drücken Ihre feste Überzeugung aus.
- ☐ a) Wirklich?
- ☐ b) Das ist schwer zu sagen.
- ☐ c) Ich bin (ganz) sicher, (dass) …

Unsicherheit ausdrücken

4 Sie drücken Unsicherheit aus.
- ☐ a) Das ist (aber/doch) nicht richtig.
- ☐ b) Ich bin mir nicht sicher, ob …
- ☐ c) Genau!

zustimmen

5 Sie stimmen zu.
- ☐ a) (Ja,) das sehe ich auch so.
- ☐ b) Das kommt (ganz) darauf an.
- ☐ c) Ich bin fest davon überzeugt, (dass) …

vorsichtig widersprechen

6 Sie widersprechen vorsichtig.
- ☐ a) (Ganz) im Gegenteil: …
- ☐ b) Kann sein, aber …
- ☐ c) Das ist doch Unsinn!

klar widersprechen

7 Sie widersprechen klar.
- ☐ a) Das kann man so und so sehen.
- ☐ b) Das stimmt.
- ☐ c) Das stimmt (aber/doch) nicht!

Übungen zu Teil C

10 **Verliebt – verlobt – verheiratet – getrennt und geschieden**

Ergänzen Sie die Sätze.

sich verlieben

a) Sie *hat* *sich* mit 16 Jahren in ihn *verliebt*.

verlobt sein ◆ sich verloben ◆ Verlobung

b) Sie ______ ______ vor zehn Jahren mit ihrem Jugendfreund ______.

c) Die ______ war vor zehn Jahren.

d) Sie ______ seit zehn Jahren mit ihrem Jugendfreund ______.

heiraten ◆ verheiratet sein ◆ Hochzeit

e) Sie ______ ihn vor einem Jahr ______.

f) Die ______ mit ihm war vor einem Jahr.

g) Sie ______ seit einem Jahr mit ihm ______.

getrennt sein ◆ sich trennen ◆ Trennung

h) Sie ______ ______ dann nach ein paar Monaten von ihm ______.

i) Die ______ war vor ein paar Monaten.

j) Sie ______ seit ein paar Monaten von ihm ______.

Scheidung ◆ sich scheiden lassen ◆ geschieden sein

k) Sie *hat* ______ gestern von ihm ______ ______.

l) Die ______ war gestern.

m) Sie ______ seit gestern von ihm ______.

Nach 13 Jahren!

11 Verben mit Präpositionen 1

Ordnen Sie zu. Es gibt immer zwei Möglichkeiten.

1 Ihr entschuldigt	uns	a) auf den Urlaub im nächsten Jahr.
2 Sie freuen	euch	b) für die Verspätung.
3 Er bedankt	dich	c) bei den Freunden.
4 Wir freuen	mich	d) für die Postkarte aus dem Urlaub.
5 Du bedankst	sich	e) über den überraschenden Besuch.
6 Ich entschuldige	sich	

12 Verben mit Präpositionen 2

Ergänzen Sie die passenden Verben und Präpositionen.

sich freuen auf/über ◆ sich entschuldigen bei/für ◆ sich bedanken bei/für

a) *Freust* du dich *auf* deinen Urlaub? – Eigentlich schon, nur weiß ich noch nicht, was ich machen soll.

b) Musst du deine Schwester immer ärgern? Bitte ________ dich ____ ihr. – Aber sie hat doch mit dem Streit angefangen.

c) Komm doch einfach mal vorbei. Ich würde mich sehr ____ deinen Besuch ________. – Gerne.

d) Sag mal, sprecht ihr immer noch nicht miteinander? – Nein, Karl hat sich ____ sein Verhalten letzten Samstag noch nicht ____ mir ________.

e) Habt ihr euch ____ all den Leuten schon ____ die Glückwünsche zur Geburt ________? – Nein, wir sind immer noch dabei, Karten zu verschicken.

f) Ich ________ mich ____ jede E-Mail, die ich bekomme. Aber leider habe ich keine Zeit zu antworten. – Das geht mir auch oft so.

Übungen zu Teil D

13 Rund um die Freundschaft I

Ergänzen Sie die Verben.

bekommen ◆ helfen ◆ ~~haben~~ ◆ fragen ◆ sprechen ◆ sagen ◆ ausleihen ◆ aufgeben

a) Probleme *haben*

b) In schwierigen Situationen ________

c) Über Probleme ________

d) Die Wahrheit ________

e) Eine Kontaktanzeige ________

f) Um Rat ________

g) Geschenke ________

h) Geld ________

14 Rund um die Freundschaft II

Ergänzen Sie *die, der, den* oder *das*.

Gibt es …

a) … einen Freund,	*der*	dich manchmal ganz schön nervt?
b) … eine Freundin,	______	
c) … ein Familienmitglied,	______	
d) … einen Kollegen,	______	

e) … eine Bekannte,	______	du schon lange nicht mehr gesehen hast?
f) … Verwandte,	______	
g) … Freunde,	______	
h) … ein Kind	______	

15 Rund um die Freundschaft III

Ergänzen Sie *der* oder *den*.

Hast du einen guten Freund, …

a) *den* du regelmäßig triffst?
b) ______ dich nicht langweilt?
c) ______ immer ehrlich zu dir ist?
d) ______ du alles fragen kannst?
e) ______ du regelmäßig siehst?
f) ______ du schon sehr lange kennst?
g) ______ gern lacht?
h) ______ sich für die gleichen Dinge interessiert?

16 Rund um die Freundschaft IV

Ergänzen Sie *der, dem, den* oder *denen*.

a) Der einzige Freund,	*dem*	ich etwas zum Geburtstag schenke,	ist Jörg.
b) Die einzige Arbeitskollegin,	______		ist Sabine.
c) Die einzigen Leute,	______		sind meine Geschwister.
d) Dem einzigen Kind,	______		ist mein Neffe Jonas.

17 Besondere Freunde I

Ergänzen Sie *der*, *den* oder *dem*.

Hast du einen guten Freund, …

a) *dem* du regelmäßig E-Mails schreibst?
b) ________ dich auch einmal zum Essen einlädt?
c) ________ du auch mitten in der Nacht anrufen kannst?
d) ________ du einmal aus einer Krise geholfen hast?
e) ________ du ganz spontan besuchst?
f) ________ du sofort Geld ausleihen würdest?
g) ________ du alles anvertrauen kannst?

18 Besondere Freunde II

Ergänzen Sie *die* oder *der*.

Haben Sie eine gute Freundin, …

a) *der* Sie immer die Wahrheit sagen können?
b) ________ Sie zeigen, wenn Sie schlechte Laune haben?
c) ________ Sie jederzeit anrufen können?
d) ________ genau so viel lacht wie Sie?
e) ________ Sie immer eine Postkarte aus dem Urlaub schreiben?
f) ________ immer viel Spaß hat?
g) ________ noch nicht verheiratet ist?

19 Besondere Freunde III

Ergänzen Sie das Relativpronomen.

a) Uwe ist mein bester Freund,	auf *den*	ich mich wirklich verlassen kann.
b) Susanne ist meine Kollegin,	auf ________	
c) Tim und Johannes sind meine Fußballkollegen,	auf ________	

d) Uwe ist mein bester Freund,	mit ________	ich auch gut zusammenarbeite.
e) Susanne ist meine Kollegin,	mit ________	
f) Tim und Johannes sind meine Fußballkollegen,	mit ________	

20 Die lieben Arbeitskollegen

Ergänzen Sie das Relativpronomen mit Präposition.

Franziska ist die einzige Kollegin,

a) *mit* *der* ich auch über private Dinge rede.
b) ________ ________ ich eine Kontaktanzeige aufgegeben habe.
c) ________ ________ ich zum Geburtstag ein Geschenk bekomme.
d) ________ ________ ich nicht wütend sein kann.
e) ________ ________ ich mich sicher gern erinnere, wenn ich mal nicht mehr hier arbeite.

Robert ist der einzige Kollege,

a) *über* *den* ich mich immer wieder ärgern muss.
b) ________ ________ ich zusammenarbeiten muss.
c) ________ ________ ich auch einmal verliebt war (Kaum zu glauben!).
d) ________ ________ ich mich aber wieder getrennt habe.
e) ________ ________ ich mich sicher nicht gern erinnere, wenn ich mal nicht mehr hier arbeite.

21 *was* oder *wo*?

Ergänzen Sie.

a) Ist das alles, ___was___ du zu sagen hast?

b) Gibt es hier denn irgendwo einen Ort, ________ ich meine Ruhe habe?

c) Es ist einfach unglaublich, ________ es da zu sehen gibt.

d) Ich bin mit vielem, ________ er gesagt hat, nicht einverstanden.

e) Hast du etwas, ________ dich bedrückt?

f) Wie heißt denn das Dorf, ________ deine Eltern wohnen?

22 Freundschaft ist ...

Ergänzen Sie die Relativpronomen.

Freundschaft ist ...

a) ... wie ein Passfoto, auf ___dem___ ich mir gut gefalle.

b) ... wie ein Musikstück, ________ ich mir gerne täglich anhöre.

c) ... wie der Himmel, ________ keine Grenzen hat.

d) ... wie ein schöner Traum, ________ ich nicht vergesse.

e) ... wie ein Brief, über ________ ich mich freue.

f) ... wie ein Kind, ________ die Welt entdeckt.

g) ... wie ein Kleidungsstück, in ________ ich mich wohlfühle.

h) ... wie eine Sommerwiese, ________ voller Blumen ist.

i) ... wie ein alter Baum, ________ ich mein Leben erzähle.

j) ... wie ein Tagebuch, ________ ich mich anvertraue.

k) ... einfach alles, ________ das Leben schöner macht.

l) ... der Ort, ________ ich glücklich sein kann.

23 Wortschatz

Ergänzen Sie die Begriffe.

Bekannte ◆ Freund ◆ ~~Kollegin~~ ◆ Nachbar ◆ Verwandte

a) Und wie verstehst du dich mit deiner neuen ___Kollegin___? – Zum Glück ganz gut, wir sitzen ja im gleichen Büro.

b) Was machst du denn am Wochenende? – Mein Vater feiert seinen 60. Geburtstag, da gibt's eine riesige Familienfeier mit unseren ganzen ____________n.

c) Unsere ____________n sind schon seltsam. Den ganzen Tag sieht und hört man nichts von ihnen und nachts brennt die ganze Zeit das Licht. – Frag sie doch mal, was sie beruflich machen.

d) Kommst du noch mit ins Café? Ich treffe dort noch eine ____________, die ich im Urlaub kennengelernt habe und die ich dir gerne vorstellen möchte. – Ja, gerne.

e) Heute bekomme ich Besuch von einem ____________ aus meiner Jugendzeit. – Und, wie lange habt ihr euch schon nicht mehr gesehen?

24 *das* oder *dass*?

Ordnen Sie zu.

1 Sag ihm bitte, b
2 Siehst du
3 Ich finde es furchtbar für Peter,
4 Meinst du nicht,
5 Er hat mir das Geld,
6 „Männer sind anders. Frauen auch“: Ist das das Buch,

a) das ich ihm vor einem Monat geliehen habe, heute erst zurückgegeben.
b) dass ich ihn nicht mehr sehen möchte!
c) das Paaren hilft, sich wieder miteinander zu versöhnen?
d) dass es besser wäre, ihm die Wahrheit zu sagen?
e) dass Christine ihn verlassen möchte.
f) das Haus dort mit dem großen Garten? Dort wohnt ein guter Freund von mir.

Übungen zu Teil E

25 Partys, Partys, Partys …

Ergänzen Sie.

~~Geburtstag~~ ◆ Party ◆ Jubiläum ◆ Einladung ◆ Gäste ◆ Geschenk ◆ Examen ◆ Gastgeber

a) Tut mir leid, aber ich habe deinen Geburtstag ______ total vergessen. Ich wünsche dir nachträglich alles, alles Gute! – Nicht so schlimm! Danke.
b) Weißt du, wie viele ______ heute zu dieser ______ kommen? – Keine Ahnung, aber so wie ich die ______ kenne, haben sie viele Leute eingeladen.
c) Wo hast du denn die ______ hingelegt? – Wieso ich? Du hast sie doch in die Tasche gesteckt! – Stimmt! Entschuldige bitte. Und das ______? – Das habe ich.
d) Stell dir vor, Max hat heute im Betrieb sein 20-jähriges ______ gefeiert! – Was, so lange ist der schon dabei? Unglaublich!
e) Herzlichen Glückwunsch zu deinem ______! Ich hoffe, du bist mit deinen Noten zufrieden. – Na ja, es geht so. Hauptsache bestanden!

26 Reflexivpronomen im Dativ

Ergänzen Sie.

a) Wir kaufen uns ______ am besten einen Stadtplan.
b) Hast du ______ ein schönes Spiel überlegt?
c) Er wünscht ______ ewige Treue von ihr.
d) Machen Sie ______ keine Sorgen.
e) Ich leihe ______ morgen gleich das Video aus.
f) Sie wollen ______ etwas ausdenken für die Party am Wochenende.
g) Habt ihr ______ schon den neuen Film mit Tom Cruise angeschaut?

27 *dich* oder *dir*?

Ergänzen Sie.

a) Entschuldige *dich* bitte bei ihr!
b) Kaufst du ______ morgen etwas Schönes zum Anziehen?
c) Schau ______ die Aufgaben gut an!
d) Denk ______ einfach was Nettes aus.
e) Ärgere ______ nicht mehr, jetzt ist es vorbei.
f) Überlege ______ gut, was du machst.
g) Erinnerst du ______ noch an mich?
h) Leih ______ doch ein Buch aus, wenn du lesen möchtest.
i) Amüsiere ______ gut!
j) Fühlst du ______ wohl?
k) Melde ______ doch bitte bei deinen Eltern!
l) Stell ______ vor, es ist alles ganz anders gekommen.
m) Hast du ______ schon entschieden?
n) Triffst du ______ morgen mit deinen Freunden?
o) Kannst du ______ das überhaupt leisten?
p) Freust du ______ auf heute Abend?
q) Bedanke ______ bitte bei deiner Oma!
r) Bitte wasch ______ vor dem Essen die Hände.
s) Erhole ______ gut im Urlaub!
t) Beeile ______ bitte! Wir haben nicht mehr viel Zeit.
u) Besorg ______ doch endlich ein neues Fahrrad!
v) Was wünschst du ______ zum Geburtstag?
w) Mach ______ keine Sorgen, es wird alles wieder gut.

28 E-Mail für dich …

Ergänzen Sie die Verben mit Reflexivpronomen in der richtigen Form.

sich melden ◆ sich amüsieren ◆ sich freuen ◆ sich wohlfühlen ◆ sich bedanken ◆ sich treffen ◆ sich entschuldigen

a)

Hey Susi,
tut mir leid, ich muss Dir leider absagen für heute Abend. Ich *fühle* ______ ______ nicht ______. Ich rufe Dich morgen an, o.k.?
Tschüs
Sabine

b)

Hallo Tim,
vielen Dank für Deine Einladung. Ich habe ______ total ______. Ich komme gern. Kann ich auch noch eine Freundin mitbringen? Ich würde sie Dir gern vorstellen. ______ ______ doch kurz und gib mir Bescheid.
Ciao
Stefan

c)

Hey Angela,
ich wollte ______ noch bei Dir für die schöne Kette ______. Ich hoffe, Du hast ______ gut ______ auf der Party. Guido fand Dich ganz toll. Ich glaube, er will ______ mal mit Dir ______.
Grüße
Bettina

d)

Hallo Jonas,
ich möchte ______ wegen gestern noch ______. Das war nicht so gemeint. Ich hoffe, Du bist mir nicht böse. Hättest Du Lust, morgen mit mir ins Kino zu gehen?
Tschüs
Silvana

29 *wegen* oder *trotz*?

Bilden Sie Sätze.

		seiner Launen
Sie lässt sich von … ihm scheiden	wegen	seiner vielen anderen Freundinnen
Sie liebt ihn … seit zwanzig Jahren	trotz	seiner Großzügigkeit
		seines Humors

a) Sie lässt sich trotz seiner Großzügigkeit von ihm scheiden.
(*obwohl* er so großzügig ist)

b) ______________________________
(*weil* er so launisch ist)

c) ______________________________
(*weil* er so humorvoll ist)

d) ______________________________
(*obwohl* er so launisch ist)

e) ______________________________
(*weil* er so großzügig ist)

f) ______________________________
(*obwohl* er so humorvoll ist)

g) ______________________________
(*obwohl* er so viele andere Freundinnen hat)

h) ______________________________
(*weil* er so viele andere Freundinnen hat)

Fantastisches Unheimliches

Übungen zu Teil A

1 Was für ein Leben!

Schreiben Sie Sätze mit *um … zu*. Ergänzen Sie die Tabelle.

Ich stehe jeden Morgen um halb sechs auf,

a) etwas Gymnastik machen
b) die Zeitung holen
c) genügend Zeit zum Frühstücken haben
d) die Zeitung noch in Ruhe lesen können
e) noch die Unterlagen fürs Büro vorbereiten
f) pünktlich im Büro erscheinen

Ich gehe jeden Abend um zehn Uhr ins Bett,

g) nicht verschlafen
h) rechtzeitig am nächsten Morgen aufstehen können

Ich stehe jeden Morgen um halb sechs auf, …

a) … um *etwas Gymnastik* zu *machen*.
b) … um ______________________ zu ____________.
c) … um ______________________ zu ____________.
d) … um ______________________ zu ____________.
e) … um ______________________ zu ____________.
f) … um ______________________ zu ____________.

Ich gehe jeden Abend um zehn Uhr ins Bett,

g) …, um ______________________ zu ____________.
h) …, um ______________________ zu ____________.

2 Tipps für den Alltag!

Verbinden Sie.

a)	täglich an die frische Luft gehen	keinen Unfall verursachen
b)	morgens Gymnastik machen	wissen, was auf Sie zukommt
c)	die Brille immer aufsetzen	glücklich werden
d)	früher aufstehen	besser lesen können
e)	regelmäßig das Horoskop lesen	rechtzeitig in der Arbeit ankommen
f)	täglich drei Wünsche an eine gute Fee senden	nicht krank werden
g)	immer einen Schutzengel dabeihaben	fit bleiben

Bilden Sie Sätze mit *um … zu*.

a) *Sie sollten täglich an die frische Luft gehen, um nicht krank zu werden*.
b) ____.
c) ____.
d) ____.
e) ____.
f) ____.
g) ____.

3 Eine seltsame Stimme

Bilden Sie aus den unterstrichenen Sätzen Sätze mit *um … zu.*

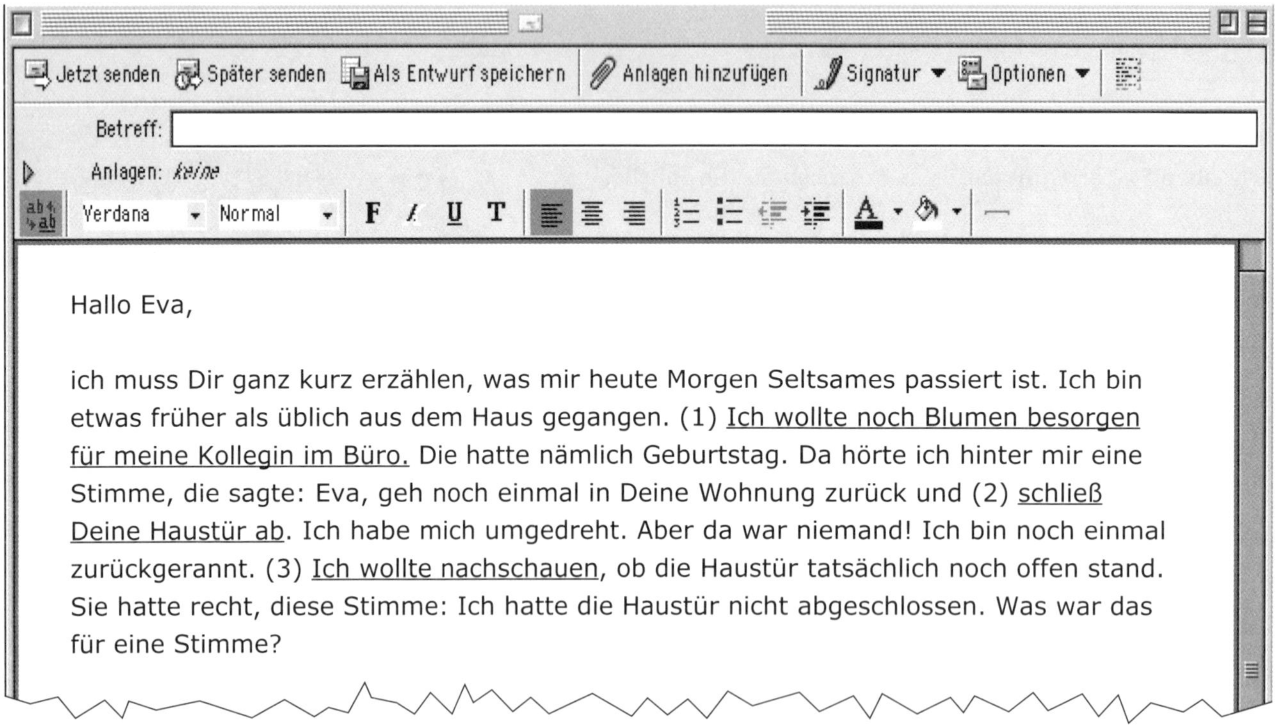

Hallo Eva,

ich muss Dir ganz kurz erzählen, was mir heute Morgen Seltsames passiert ist. Ich bin etwas früher als üblich aus dem Haus gegangen. (1) Ich wollte noch Blumen besorgen für meine Kollegin im Büro. Die hatte nämlich Geburtstag. Da hörte ich hinter mir eine Stimme, die sagte: Eva, geh noch einmal in Deine Wohnung zurück und (2) schließ Deine Haustür ab. Ich habe mich umgedreht. Aber da war niemand! Ich bin noch einmal zurückgerannt. (3) Ich wollte nachschauen, ob die Haustür tatsächlich noch offen stand. Sie hatte recht, diese Stimme: Ich hatte die Haustür nicht abgeschlossen. Was war das für eine Stimme?

1 Ich bin etwas früher als üblich aus dem Haus gegangen, *um Blumen für meine Kollegin im Büro zu besorgen*.

2 Eva, geh noch einmal in Deine Wohnung zurück,
________________ ________________.

3 Ich bin noch einmal zurückgerannt, ________________
________________, ob die Haustür tatsächlich noch offen stand.

Übungen zu Teil B

4 Konjugation

Ergänzen Sie die Verben im Futur I.

a) Ich *werde* nächste Woche bei dir *vorbeischauen*, das verspreche ich dir. *(vorbeischauen)*

b) Ich bin sicher, dass du morgen wieder gesund ________ ________. *(sein)*

c) Er ________ ________ über das Ergebnis furchtbar ________. *(sich ärgern)*

d) Wir ________ nichts daran ________ ________. *(ändern können)*

e) Ihr ________ den Weg ohne uns schon ________. *(finden)*

f) Sie ________ Verständnis dafür ________ *(haben)*, dass ihr nicht kommen könnt.

g) Sie ________ ________ *(feststellen)*, dass Sie auch mit weniger Essen glücklich sind.

5 Definitionen

Ordnen Sie die Erklärungen den Begriffen zu.

1 Wahrsagen *d*
2 Horoskop
3 Wettervorhersage
4 Wahlprognose
5 Weltbevölkerungsprognose
6 Wahlrede

a) Hier wird gesagt, ob es morgen regnet oder schneit.
b) Die Politiker machen in ihr immer große Versprechungen.
c) Hier sagt das Sternzeichen etwas über die Zukunft aus.
d) Hier erfährt man auf magische Weise etwas über die persönliche Zukunft.
e) Hier versucht man festzustellen, wie viele Menschen es in Zukunft auf der Erde geben wird.
f) Hier versucht man festzustellen, welche Partei bei den nächsten Wahlen gewinnen wird.

6 Machen Sie aus den Sätzen Prognosen oder Versprechen für die Zukunft.

Bilden Sie mit den kursiven Verben Sätze im Futur I. Ordnen Sie dann die Sätze den Begriffen aus Aufgabe 6 zu.

a) Ein Hoch über Frankreich *bringt* morgen sommerliche Temperaturen nach Deutschland.
Ein Hoch über Frankreich wird morgen sommerliche Temperaturen nach Deutschland bringen. 3

b) Sie *verlassen* Ihren Partner. Sie *lernen* den Mann Ihres Lebens *kennen*. Sie *heiraten* ihn.

c) In unserem Land gibt es keinen Platz mehr für Kinder. Wählen Sie unsere Partei und Deutschland *wird* wieder ein kinderfreundliches Land.

d) Steinbock: In der nächsten Woche *kommen* einige Überraschungen auf Sie zu. Bereiten Sie sich jetzt schon darauf vor.

e) Die beiden großen Parteien CDU/CSU und SPD *sind* gleich stark. Die Grünen *kommen* nicht mehr auf ihr Ergebnis der letzten Wahlen. Die FDP *liegt* knapp über der 5%-Hürde.

f) Die Experten erwarten bis zum Jahr 2025 einen Anstieg der Weltbevölkerung um 25%. Es *gibt* dann mehr als 8 Milliarden Menschen auf der Erde.

7 Silbensalat

Welche Silben gehören zusammen? Schreiben Sie.

a) ~~RELATIVITÄTS~~ - LICHT — *Relativitätstheorie*
b) KERN - BIOTIKUM ______
c) AUTO - DRUCK ______
d) BUCH - ~~THEORIE~~ ______
e) ELEKTRISCHES - MOBIL ______
f) DAMPF - FON ______
g) ANTI - SPALTUNG ______
h) COM - MIT ______
i) DYNA - MASCHINE ______
j) TELE - PUTER ______

8 Was ist das und wer hat es erfunden bzw. entdeckt?

Ordnen Sie die Begriffe aus Aufgabe 8 zu.

1 Das ist eine Substanz, die Bakterien tötet. Ihr Entdecker heißt Sir Alexander Fleming. *g*
2 Das ist die Trennung von Atomkernen. Ihr Entdecker heißt Otto Hahn.
3 Das ist ein anderes Wort für Personenwagen. Sein Erfinder heißt Carl Benz.
4 Das ist ein technisches Verfahren, um Bücher herzustellen. Sein Erfinder heißt Johannes Gutenberg.
5 Das ist eine elektronische Anlage, die Daten speichert, wiedergibt und schnell rechnet. Ihr Erfinder heißt John von Neumann.
6 Das ist eine Maschine, die den Druck von Dampf in mechanische Kraft umsetzt. Ihr Erfinder heißt Thomas Newcomen.
7 Das ist ein anderes Wort für Sprengstoff. Sein Entdecker heißt Alfred Nobel.
8 Damit kann man einen Raum erhellen. Sein Erfinder heißt Thomas Alva Edison.
9 Das ist eine wissenschaftliche Theorie über die Struktur von Raum und Zeit. Ihr Entdecker heißt Albert Einstein.
10 Das ist ein Apparat, mit dem man mit anderen Leuten sprechen kann, auch wenn diese weit entfernt sind. Sein Erfinder heißt Alexander Graham Bell.

Übungen zu Teil D

9 Wiederholung: Krankheiten

Wo steht *-schmerzen*? Ergänzen Sie, wenn nötig. Ergänzen Sie auch den Artikel.

a) Kopf*schmerzen, die*
b) Grippe *–, die*
c) Rücken______
d) Fieber______
e) Hals______
f) Husten______
g) Erkältung______
h) Bauch______
i) Allergie______
j) Schnupfen______
k) Zahn______

10 „Andere" Krankheiten

Welche Begriffe gehören zusammen? Unterstreichen Sie.

a) starke Kopfschmerzen – Hexenschuss – Migräne

b) Neurodermitis – starke Rückenschmerzen – Hexenschuss

c) starker Husten – Asthma – Depressionen

d) Allergie – Nervosität – Heuschnupfen

11 Wiederholung: *wenn*-Satz

Antworten Sie.

a) Wann trinken Sie heißen Tee mit Zitrone oder heiße Milch mit Honig?

Wenn ich Halsschmerzen habe. *(Halsschmerzen haben)*

b) Wann tun Sie Joghurt auf die Haut?

______________________________ *(einen Sonnenbrand haben)*

c) Wann brauchen Sie eine Zwiebelscheibe?

______________________________ *(eine Biene hat mich gestochen)*

d) Wann trinken Sie Cola und essen Salzstangen?

______________________________ *(Durchfall haben)*

e) Wann schlafen Sie lange?

______________________________ *(einen Kater haben)*

f) Wann brauchen Sie einen Eisbeutel?

______________________________ *(eine Beule haben)*

g) Wann brauchen Sie ein Stück Würfelzucker mit etwas Wasser?

______________________________ *(sich in den Finger geschnitten haben)*

h) Wann halten Sie die Luft an?

______________________________ *(Schluckauf haben)*

i) Wann machen Sie Wadenwickel?

______________________________ *(hohes Fieber haben)*

j) Wann halten Sie die Hand/den Fuß ... unter kaltes Wasser?

______________________________ *(sich verbrannt haben)*

k) Wann nehmen Sie ein heißes Bad?

______________________________ *(Muskelkater haben)*

l) Wann inhalieren Sie?

______________________________ *(Schnupfen haben)*

12 Wiederholung: *wenn* oder *wann*?

Ergänzen Sie.

a) Wenn ich morgens mit dem linken Bein aufstehe, bin ich den ganzen Tag schlecht gelaunt.
b) __________ stehst du normalerweise immer auf? – In der Regel eine Viertelstunde, bevor ich aus dem Haus gehe, d.h. so gegen sieben.
c) Ich könnte nicht mehr schlafen, __________ ich mir spät nachts noch Horrorfilme anschauen würde.
d) Glaube mir, Essen und Schlafen ist die beste Therapie. __________ es mir nicht gut geht, lege ich mich mit einer Schachtel Pralinen ins Bett und schlafe danach super ein.
e) Ich kann dir gar nicht sagen, __________ ich eingeschlafen bin. Das muss so gegen Mitternacht gewesen sein.
f) Kannst du denn noch schlafen, __________ du abends so viel isst? – Na ja, es geht. Ich schlafe nicht besonders gut ein. Aber was soll ich denn machen, __________ ich solch einen Hunger habe?
g) Habe ich heute Nacht wieder im Traum gesprochen? – Ja, ich kann dich das nächste Mal wecken, __________ du willst.
h) Sagen Sie mir doch bitte, __________ Sie geweckt werden möchten. – Es wäre nett, __________ Sie mich so gegen 11 Uhr anrufen würden.

13 Konjugation

Ergänzen Sie die Verben im Passiv.

a) Ich werde sogar vom Chefarzt behandelt. *(behandeln)*
b) __________ du heute noch __________? *(untersuchen)*
c) Er __________ vor der Behandlung noch __________. *(röntgen)*
d) Ich habe das Gefühl, dass wir mit unseren Problemen überhaupt nicht __________ __________ __________. *(ernst nehmen)*
e) Wann __________ ihr morgen __________? *(abholen)*
f) Ich möchte, dass die Patienten noch __________ __________. *(benachrichtigen)*

14 Herr Kummer hat starke Kopfschmerzen und geht zum Arzt: Was wird dort gemacht?

Bilden Sie Sätze im Passiv.

a) Er wird genau untersucht. *(er – genau untersuchen)*
b) __________ *(der Blutdruck – kontrollieren)*
c) __________ *(Blut – abnehmen)*
d) __________ *(der Puls – messen)*
e) __________ *(der Kopf – röntgen)*

15 Die gestresste Arzthelferin

Ergänzen Sie die Verben im Passiv Präsens in der richtigen Form.

a) Bitte gedulden Sie sich noch einen Augenblick, das Rezept *wird* ______ sofort *geschrieben* ______ *(schreiben)* und vom Arzt ______ *(unterschreiben)*.

b) Das Ergebnis Ihrer Untersuchung ______ Ihnen telefonisch ______ *(mitteilen)*. Glauben Sie mir, Sie ______ sofort vom Herrn Doktor ______ *(anrufen)*.

c) Hier bitte Ihr Rezept. Ich soll Ihnen noch sagen: Die Tropfen ______ nach jeder Mahlzeit mit etwas Flüssigkeit ______ *(einnehmen)*.

d) Ich weiß, Sie warten schon länger, Sie ______ sicherlich als Nächste ______ *(rufen)*.

e) Sie wissen, dass die Kosten für Ihre Therapie nicht von der Krankenkasse ______ ______ *(bezahlen)*. Das wird Ihnen der Herr Doktor bestätigen.

f) Ich kann Ihnen versichern, dass alle Patienten noch heute ______ ______ *(untersuchen)*. Wir machen alle Überstunden.

16 Nach einem langen Arbeitstag 1

Was muss noch alles gemacht werden? Bilden Sie Sätze im Passiv mit Modalverb.

a) *Das Wartezimmer muss noch aufgeräumt werden* ______.
das Wartezimmer – noch aufräumen

b) ______.
der Computer – ausmachen

c) ______.
die Schubladen – abschließen

d) ______.
die Geräte – abschalten

e) ______.
die Fenster – schließen

17 Nach einem langen Arbeitstag 2

Bilden Sie Nebensätze mit den Sätzen aus Übung 16.

Bitte vergessen Sie nicht, dass …

a) *das Wartezimmer noch aufgeräumt werden muss* ______.

b) ______.

c) ______.

d) ______.

e) ______.

18 Interessantes rund um die Bachblüten-Therapie

Schreiben Sie die Sätze richtig.

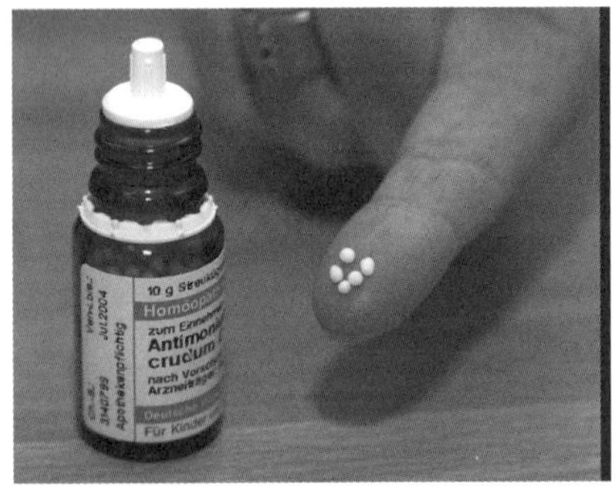

Globuli: homöopathische Kügelchen

a) Die Bachblüten werden von Experten sorgfältig ausgewählt ______.

ausgewählt – sorgfältig – werden – von Experten

b) Bei schweren Krankheiten ______.

vorher – befragt – werden – ein Arzt – sollte

c) Er kann Ihnen sagen, ob ______.

eingenommen – dürfen – die Bachblüten – werden

d) Die Bachblüten ______.

in Form von Globuli – verkauft – auch – werden

Sie enthalten keinen Alkohol.

e) Jeder Bachblüte ______.

zugeschrieben – werden – bestimmte Gefühle

f) Die richtige Bachblüte für Ihre Person ______.

ausgewählt – muss – sorgfältig – werden

g) Es gibt Notfalltropfen. Sie ______,

eingenommen – können – werden

wenn für Sie ______.

gefunden – kann – keine passende Bachblüte – werden

h) Die Notfalltropfen ______.

zusammengestellt – aus verschiedenen Blüten – werden.

i) Sie ______.

überallhin – werden – mitgenommen – sollten

j) Achtung: Der Arztbesuch ______.

dadurch – nicht – ersetzt – wird

k) Bei vielen kleinen Krankheiten und Ängsten ______.

die Notfalltropfen – werden – können – angewandt

Übungen zu Teil E

19 Nomen mit Präpositionen

Ergänzen Sie das passende Verb.

kommen (3x) ◆ bringen (3x) ◆ nehmen (2x) ◆ aufgeben ◆ unterziehen ◆ finden ◆ stellen

a) zum Einsatz *kommen*

b) Platz ______

c) eine Lösung ______

d) Erfolg ______

e) die Hoffnung ______

f) in Mode ______

g) eine Frage ______

h) Abschied ______

i) zu Ende ______

j) zur Ruhe ______

k) sich einer Therapie ______

l) keine Besserung ______

20 Wiederholung: Verben mit Präpositionen

Ordnen Sie zu und ergänzen Sie die passende Präposition.

1 Wann schreibst du endlich *d*	zu um über an	a) ______ deine persönlichen Probleme?
2 Bitte denk doch ☐		b) ______ dem Vortrag über „Alternative Medizin" eingeladen?
3 Sprichst du mit deinem Arzt ☐		c) ______ eine sofortige Antwort.
4 Berichten Sie doch mal ☐		d) *an* Tante Hermine?
5 Bist du auch ☐		e) ______ die Tabletten gegen Kopfschmerzen, wenn du einkaufen gehst!
6 Ich bitte Sie ☐		f) ______ Ihre Erfahrungen mit Akupunktur.

21 Gespräche in der Arztpraxis

Unterstreichen Sie den richtigen Artikel.

a) Seit wann leiden Sie denn an *diesem* / *diesen* Husten? – Ach, schon lange, dabei achte ich immer auf *eine* / *einer* gesunde Ernährung.

b) Ich sage Ihnen gleich, ich halte nicht viel von *der* / *die* alternativen Medizin. – Da kann ich Sie beruhigen, ich auch nicht.

c) Nehmen Sie regelmäßig an *den* / *die* Gymnastikkursen für den Rücken teil? – Ich versuche es, aber es ist schwierig mit den Kindern und so.

d) Reden Sie mit *Ihrem* / *Ihren* Mann, es ist wirklich wichtig. Er sollte unbedingt abnehmen und mit dem Rauchen aufhören.

e) Sie können sich auf *dem* / *den* Sommerurlaub vorbereiten. Gehen Sie ab und zu ins Solarium und gewöhnen Sie so Ihre Haut an die Sonnenstrahlen.

f) Verlassen Sie sich nicht nur auf *die* / *den* herkömmlichen Methoden. Denken Sie auch über *die* / *den* möglichen Alternativen nach. – Sie haben ja recht. Was können Sie mir denn empfehlen?

22 Verben mit Präpositionen 2

Ergänzen Sie die Präpositionen.

a) Leiden Sie _an_ Migräne? Oder ________ Schlaflosigkeit? Dann kommen Sie zu uns. Wir helfen Ihnen ________ Ihrem Problem.

b) Achten Sie ________ eine gesunde Ernährung! Es geht ________ Ihre Gesundheit!

c) Nehmen Sie ________ unserem neuen Workshop „Autogenes Training“ teil.

d) **Verlassen Sie sich ganz ________ Ihren eigenen Körper.**

e) **Bereiten Sie sich bewusst ________ Ihren Tag vor.**

f) **Beschäftigen Sie sich gern ________ Astrologie? Was halten Sie ________ der Bachblüten-Therapie? Wir bieten Ihnen interessante Informationen dazu.**

g) Reden Sie ________ uns ________ Ihre Ängste. Wir finden für Sie die passende Therapie.

Wünsche und Träume

Übungen zu Teil A

1 Sich auf einen Auslandsaufenthalt vorbereiten

Schreiben Sie Sätze mit *ohne ... zu.*

Detlef möchte im Ausland arbeiten, aber er hat nichts vorbereitet.
Er geht ins Ausland, ...

a) *ohne die Sprache zu lernen* ______________________.
(die Sprache lernen)

b) ______________________.
(sich um eine Unterkunft kümmern)

c) ______________________.
(eine Arbeit haben)

d) ______________________.
(dort jemanden kennen)

Schreiben Sie Sätze mit *um ... zu.*

Sabine möchte auch im Ausland arbeiten.
Sie hat alles sehr gut organisiert.

e) Sie hat Sprachkurse besucht, *um die Sprache zu lernen* ______________________.
(die Sprache lernen)

f) Sie hat in einer Zeitung inseriert, ______________________.
(eine Wohnung finden)

g) Sie hat viele Bewerbungen geschrieben, ______________________.
(eine Arbeit haben)

h) Sie hat viele Freunde und Bekannte nach Kontakten gefragt, ______________________.
(dort jemanden kennen)

2 *ohne ... zu oder um ... zu?*

Ergänzen Sie *ohne* oder *um.*

Ich möchte nicht ins Ausland gehen, ...

a) *um* ______ nur Urlaub zu machen.
b) *ohne* ______ zu wissen, was mich erwartet.
c) ______ mich zu informieren, wie meine Berufschancen danach aussehen.
d) ______ mich von meinen Freunden zu verabschieden.
e) ______ vor dem Alltag zu fliehen.
f) ______ dann einsam zu sein.
g) ______ Abenteuer zu erleben.
h) ______ meine eigenen Grenzen zu erfahren.
i) ______ vorher genau über die Vor- und Nachteile nachgedacht zu haben.
j) ______ die Sprache gelernt zu haben.

3 Wiederholung: Sätze mit *um … zu.*

Formulieren Sie Sätze.

Viele Leute gehen ins Ausland, …

a) um ihre Fremdsprachenkenntnisse zu verbessern.
(Sie wollen ihre Fremdsprachenkenntnisse verbessern.)

b) ______________________________
(Sie wollen Fremdsprachen studieren.)

c) ______________________________
(Sie wollen Dolmetscher oder Lehrer werden.)

d) ______________________________
____
(Sie wollen ihren Kindern die Möglichkeit geben, ein oder zwei Sprachen zu lernen.)

e) ______________________________
(Sie wollen eine Weltreise machen.)

f) ______________________________
(Sie wollen ihre Chancen im Beruf verbessern.)

g) ______________________________
(Sie wollen für einige Zeit ganz anders leben und arbeiten.)

h) ______________________________
(Sie wollen fremde Kulturen kennenlernen.)

i) ______________________________
(Sie wollen ganz neue Erfahrungen machen können.)

j) ______________________________
(Sie wollen Abenteuer erleben.)

Übungen zu Teil B

4 Wortschatz 1

Ergänzen Sie die Verben.

sammeln ◆ kennenlernen ◆ erfahren ◆ suchen ◆ ~~erweitern~~ ◆ lernen ◆ stärken

a) seinen eigenen Horizont erweitern

b) neue Erfahrungen ______________________

c) sein Selbstbewusstsein ______________________

d) Geborgenheit und Sicherheit ______________________

e) fremde Sprachen und Kulturen ______________________

f) seine eigenen Grenzen ______________________

g) eine Sprache ______________________

5 Wortschatz 2

Welcher Begriff passt? Ergänzen Sie auch die Artikel.

~~Verwandten~~ ◆ Partnerschaft ◆ Herausforderung ◆ Ungewohnte ◆ Alleinsein

a) die ______ Familie – die ______ Freunde – die Verwandten ______
b) die ______ Einsamkeit – ______
c) ______ Abenteuer – ______ Risiko – ______
d) ______ Neue – ______ Fremde – ______
e) ______ Heirat – ______ Freundschaft – ______

6 Wortschatz 3

Markieren Sie die richtige Präposition.

a) die Familie *in/an/um* nächster Umgebung haben
b) sich nicht *für/auf/mit* ein Land entscheiden können
c) Interesse *vor/mit/an* fremden Kulturen haben
d) mehr Distanz *an der/mit der/zur* eigenen Kultur haben
e) einen neuen Blick *vor/auf/zu* die eigene Kultur haben
f) mit Menschen *an/aus/für* anderen Kulturen zusammenarbeiten
g) bessere Chancen *von/zum/im* Beruf haben
h) *mit/an/für* der Familie zusammenleben können
i) Angst *vor/zu/an* der Einsamkeit haben

7 Heimweh

Ersetzen Sie, wo möglich, den *damit*-Satz durch einen *um … zu*-Satz.

Ich rufe regelmäßig aus dem Ausland zu Hause an, …

a) damit ich erfahre, wie es meinen Eltern geht.
um zu erfahren, wie es meinen Eltern geht ______.
b) damit meine Eltern sich keine Sorgen machen.
______.
c) damit ich mit meinen Freunden reden kann.
______.
d) damit meine Freunde mich nicht vergessen.
______.
e) damit ich keine Briefe schreiben muss.
______.
f) damit die Leute zu Hause an mich denken.
______.
g) damit mein Heimweh nicht noch schlimmer wird.
______.
h) damit ich mich nicht in den nächsten Zug setze und nach Hause fahre.
______.

8 Julian im Ausland

Schreiben Sie Sätze mit *damit* oder, wo möglich, mit *um ... zu*.

a) Julians Eltern schicken Julian ins Ausland,
damit er studiert.
(studieren)

b) Julian möchte ins Ausland,
um Abenteuer zu erleben.
(Abenteuer erleben)

c) Julians Eltern schicken Julian ins Ausland, ______
(seinen Horizont erweitern)

d) Julians Eltern schicken Julian ins Ausland, ______
(bessere Berufschancen haben)

e) Julian möchte ins Ausland, ______
(sich vergnügen)

f) Julians Eltern schicken Julian ins Ausland, ______
(die fremde Sprache lernen)

g) Julian möchte ins Ausland, ______
(neue Leute kennenlernen)

h) Julians Eltern schicken Julian ins Ausland, ______
(selbstständiger werden)

i) Julian möchte ins Ausland, ______
(das Leben genießen)

9 Doppelte Staatsangehörigkeit

Schreiben Sie Sätze mit *damit* oder, wo möglich, mit *um ... zu*.

Ich bin für die doppelte Staatsangehörigkeit, ...

a) Ich kann leichter reisen.
um leichter reisen zu können.

b) Meine Kinder haben bessere Chancen.
______

c) Meine Familie hat die gleichen Rechte.
______

d) Ich will mich nicht für eine Staatsangehörigkeit entscheiden müssen.
______

e) Meine Kinder müssen sich nicht für eine Staatsangehörigkeit entscheiden.
______

f) Ich fühle mich in der fremden Gesellschaft akzeptiert.
______

Übungen zu Teil C

10 ***das* oder *dass*?**

Ergänzen Sie.

a) Erinnerst du dich noch an _das_ ______ kleine Mädchen von früher?
b) Ich denke oft, ______ es besser wäre von hier fortzuziehen.
c) Ich finde ______ nicht besonders gut, was du da machst.
d) Das ist ein Ereignis, ______ die Welt verändern wird.
e) Was für ein Wetter, ______ ist ja unglaublich!
f) Ist es nicht möglich, ______ du länger bleibst?
g) Es ist vollkommen in Ordnung, ______ du ihn anrufst.
h) Glaube mir, es ist wirklich ______ Beste für dich.
i) Es endet immer damit, ______ er geht.
j) Ich halte ______ für sehr schwierig.

11 **Ausland**

Ergänzen Sie die Präpositionen.

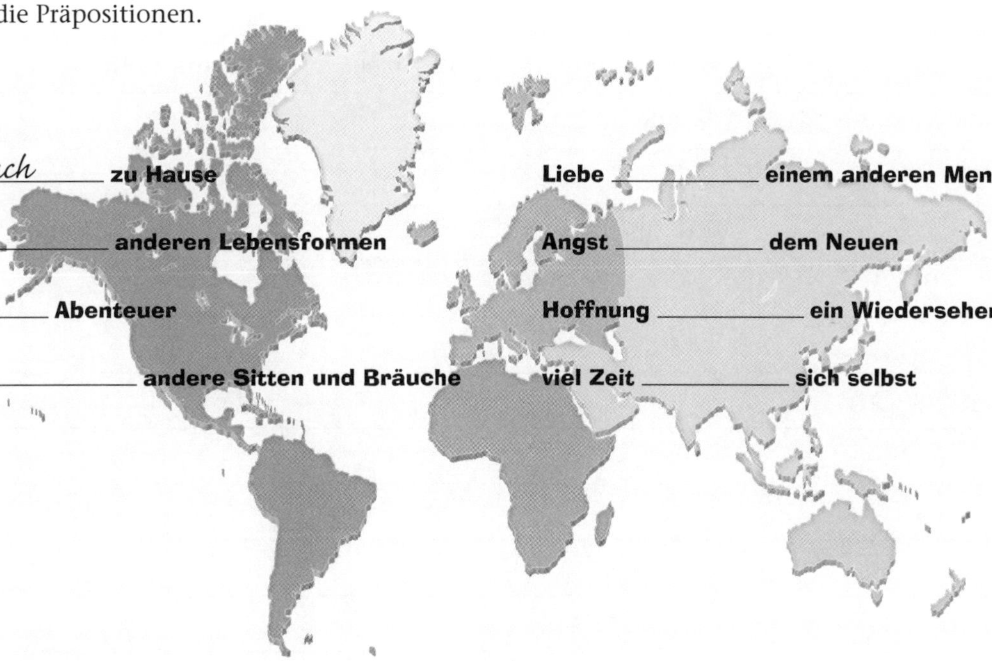

Heimweh _nach_ ______ **zu Hause**
Interesse ______ **anderen Lebensformen**
Lust ______ **Abenteuer**
Verständnis ______ **andere Sitten und Bräuche**
Liebe ______ **einem anderen Menschen**
Angst ______ **dem Neuen**
Hoffnung ______ **ein Wiedersehen**
viel Zeit ______ **sich selbst**

12 **Akkusativ oder Dativ?**

Markieren Sie die richtige Ergänzung.

a) Ich habe Verständnis für *die/den* Probleme meiner Landsleute.
b) Ich habe Heimweh nach *mein/meinem* Land.
c) Ich habe Angst vor *eine/einer* weltweiten Katastrophe.
d) Ich habe keine Zeit für *jedes/jedem* einzelne Kind in meiner Klasse.
e) Ich bin voller Liebe zu *meiner/meine* Familie.
f) Ich habe großes Interesse an *dem/den* Kontakt zu meinen früheren Freunden.
g) Ich habe die Hoffnung auf *einer/eine* bessere Welt noch nicht aufgegeben.
h) Ich habe heute Lust auf *fette/fetten* Pommes frites mit Ketchup.

13 Konjunktiv II

Ergänzen Sie die Formen des Konjunktivs II mit *würden*.

a) Ich *würde* gern wieder einmal so richtig lang Urlaub *machen* *(machen)*.

b) ______ Sie auch gerne wieder einmal ein Abenteuer ______ *(erleben)*?

c) Er tut so, als ob er jeden Tag von morgens bis abends ______ ______ *(arbeiten)*.

d) Wenn wir unsere Arbeit besser ______ ______ *(organisieren)*, ______ wir öfter ______ ______ *(spazieren gehen)*.

e) Ich bin sicher, dass ihr mehr Geld ______ ______ *(verdienen)*, wenn ihr mehr ______ ______ *(arbeiten)*.

f) Ich fände es toll, wenn sie uns ______ ______ *(begleiten)*.

14 Tabelle

Ergänzen Sie die fehlenden Verbformen.

Infinitiv	**Präteritum:** *ich/sie/er/es/man*	**Konjunktiv II:** *ich/sie/er/es/man*
haben	hatte	*hätte*
gehen		ginge
	wollte	
wissen		
	war	
		sollte
dürfen		
	hieß	
		fände
kommen		
		müsste
	konnte	
geben		
	brauchte	
		würde
lassen		
	stand	
tun		

15 Der große Bruder

Ergänzen Sie die Formen des Konjunktivs II.

Wenn ich schon so groß wäre wie mein Bruder,

a) wäre ______ ich 10 Jahre älter als jetzt ______ (sein).
b) ______ ich im Fußball immer gegen ihn ______ (gewinnen).
c) ______ ich mir alle Filme im Fernsehen ______ (anschauen dürfen).
d) ______ ich abends immer lange ______ (ausgehen).
e) ______ ich eine hübsche Freundin ______ (haben).
f) ______ ich keine Angst mehr im Dunkeln ______ (haben).
g) ______ ich genauso stark wie er ______ (sein).
h) ______ ich nicht mehr alles ______ (tun müssen), was meine Eltern sagen.
i) ______ ich auch schon Auto ______ (fahren dürfen).
j) ______ ich allerdings im Garten ______ (helfen müssen).
k) ______ ich mich schon um eine Lehrstelle ______ (kümmern müssen).
l) ______ ich nicht mehr die Krimis von den fünf Freunden ______ (lesen können). Das wäre ja dann uncool!

Ach, da warte ich doch noch ein bisschen – mit dem Größerwerden!

16 Konjunktiv II der Vergangenheit

Ergänzen Sie die Formen des Konjunktivs II der Vergangenheit mit *haben* und *sein.*

Was hättest du gemacht, …

a) wenn ich nicht angerufen hätte ______ *(anrufen)*?
b) wenn du kein Handy ______ *(haben)*?
c) wenn sie ______ *(lügen)*?
d) wenn wir dir nicht ______ *(schreiben)*?
e) wenn wir euch nicht ______ *(finden)*?
f) wenn sie sich nicht ______ *(melden)*?

Was hätten Sie gemacht, …

g) wenn Sie sich die Telefonnummer nicht ______ *(notieren)*?

Was wäre gewesen, …

h) wenn ich zu spät gekommen wäre ______ *(kommen)*?
i) wenn du nicht so früh ______ *(aufstehen)*?
j) wenn er nicht ______ *(weggehen)*?
k) wenn wir nicht nach Berlin ______ *(fliegen)*?
l) wenn ihr da ______ *(bleiben)*?
m) wenn sie nicht da ______ *(sein)*?
n) wenn Sie nicht ______ *(umkehren)*?

17 Lauter berühmte Namen und Talente

Bilden Sie irreale Bedingungssätze mit *wenn.*

Das ist die Realität!

a) Ich male nicht so gut wie Picasso.

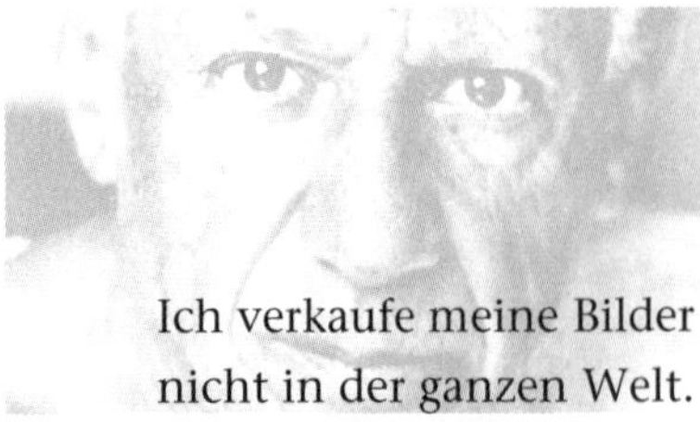

b) Ich habe nicht das Talent von Nina Hagen.

c) Ich schwimme nicht so gut wie Franziska van Almsick.

d) Ich habe nicht die Fantasie von Michael Ende.

e) Ich singe nicht wie Udo Lindenberg.

f) Ich bin nicht so musikalisch wie Anne Sophie Mutter.

g) Ich dichte nicht so gut wie Joachim Ringelnatz.

Das sind Fantasien, Träume, Wünsche ...

a) *Wenn ich so gut malen würde wie Picasso, würde ich meine Bilder in der ganzen Welt verkaufen.*

____

b) ______________________________

____

c) ______________________________

____

d) ______________________________

____

e) ______________________________

____

f) ______________________________

____

g) ______________________________

____

18 Irreale Vergleiche

Bilden Sie Sätze mit *als ob*.

a) Bitte fühlen Sie sich so, als ob Sie zu Hause wären.
(zu Hause sein)

b) Sie führen sich auf, als ob Sie ______.
(hier etwas zu sagen haben)

c) Du tust so, als ob du ______.
(zum ersten Mal davon hören)

d) Tun wir doch einfach so, als ob wir ______.
(nichts davon wissen)

e) Es kommt mir so vor, als ob er ______.
(sehr viel Talent haben)

f) Sie hat sich am Telefon so angehört, als ob sie heute zu uns ______.
(kommen wollen)

g) Ihr seht aus, als ob ihr ______.
(die ganze Nacht nicht geschlafen haben)

h) Du machst nicht den Eindruck, als ob du ______.
(sehr glücklich sein)

19 Wunschgedanken und Wünsche

Schreiben Sie Wunschsätze. Verwenden Sie dabei die Satzanfänge im Kasten.

Ach, könnte ich doch nur ... ◆ Hätte ich doch nur nie etwas ... ◆ Wäre ich doch nur ... ◆ Hätte ich doch nicht ... ◆ Ach, würde ich doch nicht ... ◆ Ich fände es toll, wenn ... ◆ Ich hätte gern ... ◆ Es wäre schön, wenn ... ◆ Ich wäre gern ... ◆ Ich würde gern ...

a) Ich kann nicht singen wie Reinhard Mey.
Ach, könnte ich doch nur singen wie Reinhard Mey.

b) Ich habe dir alles über meine Vergangenheit erzählt.
______.

c) Ich bin einfach nie erwachsen geworden.
______.

d) Ich habe so oft die Schule geschwänzt.
______.

e) Ich mache so viele Fehler beim Sprechen.
______.

f) Ich habe nicht alle zwei Wochen Urlaub.
______.

g) Ich habe keine zehn Hunde und Katzen.

°○○ ____.

h) Ich muss jeden Morgen so früh aufstehen.

°○○ ____.

i) Ich bin nicht Nina Hagen.

°○○ ____.

j) Ich spreche nicht fließend Deutsch.

°○○ ____.

20 Das Marzipanschwein

Ergänzen Sie die Formen des Konjunktivs II.

In einer Konditorei war um das Jahresende herum ein Marzipanschwein ausgestellt. Einmal sah es durch das Schaufenster, wie auf einem Lastwagen richtige Schweine vorbeifuhren.

„Die werden getötet", sagte eine Torte, „und dann isst man sie auf." Da atmete das Marzipanschwein ganz tief.

„Zum Glück", dachte es, „habe ich nicht das gleiche Schicksal." Und es stellte sich vor, wie es noch lange in diesem Fenster *stehen würde* (*stehen*) und alles ______________ (*beobachten*), was auf der Straße vor sich ging, und wie sich vielleicht einmal ein zweites Marzipanschwein zu ihm ______________ ______________ (*setzen*), und wie sie dann zusammen kleine Marzipanschweinchen ______________ (*haben*), denen es alles ______________ ______________ (*erzählen*), was es ______________ (*wissen*), und es freute sich ungemein auf ein langes und erfülltes Leben. Bringst du es jetzt noch fertig, dieses Marzipanschwein zu essen?

Berufe

Übungen zu Teil A

1 Der internationale Dialog

Ersetzen Sie die kursiv gedruckten Wörter durch die internationalen Ausdrücke.

~~City~~ *(f)* ◆ checken ◆ E-Mail *(f)* ◆ Job *(m)* ◆ PC *(m)* ◆ im Team *(n)* ◆ Sandwich *(n)* ◆ online

■ Und, wo arbeitest du jetzt?

● *Im Stadtzentrum* (1) In der City.

■ Und wie findest du *die* neue *Arbeit* _______________ (2)?

● Ganz okay! Ich bin dafür zuständig, die *Personal Computer* _______________ *(Plural)* (3) zu *prüfen* _______________ (4). Da gibt es immer viel zu tun bei 300 Leuten.

■ Das machst du ganz alleine?

● Nein, natürlich nicht. Ich arbeite *mit anderen Leuten in einer Gruppe zusammen* _______________ (5).

■ Na ja, trotzdem, das hört sich nach sehr viel Arbeit an.

● Das stimmt, manchmal reicht die Zeit tatsächlich nur für *ein belegtes Brötchen.* _______________ (6).

■ Hast du denn eine eigene *elektronische* _______________ (7) Adresse?

● Na klar, ich bin auch ständig *erreichbar* _______________ (8).

■ Dann melde ich mich mal. Bis demnächst. Tschüs!

2 Wortsalat: Unterschiedliche Arbeitsformen

Schreiben Sie die Wörter richtig.

arbeiten/sein

a) ALLNEI
allein

b) IM TAME
____

c) STUNSEWEIDEN
____

d) GAGSTANZ
____

e) HATAGSLB
____

f) SELDIGSTÄNBST
____

g) ANGELTSTEL
____

3 Endlich fest angestellt

Ergänzen Sie.

festes ◆ zufrieden ◆ spät ◆ Zeit ◆ viel ◆ erschöpft ◆ interessante ◆ langen ◆ ~~viel~~

● Na, nun bist du ja endlich fest angestellt. Wie gefällt dir das denn so?

■ Ach weißt du, das ist sehr gemischt. Vorher hatte ich *viel* (1) Kontakt zu Kunden, war ______ (2) unterwegs, hatte eine ______ (3) Arbeit, konnte immer ______ (4) aufstehen, ... allerdings hatte ich keine ______ (5) für die Familie, war oft sehr ______ (6), hatte einen ______ (7) Weg zur Arbeit und hatte vor allem kein ______ (8) Gehalt. Nun habe ich all das, was ich vorher nicht hatte, und bin trotzdem nicht ______ (9).

4 Job Sharing

Verbinden Sie die Sätze mit *sodass*.

Ich teile meinen Schreibtisch und Arbeitsplatz mit einer Kollegin, ...

a) Ich muss nur nachmittags arbeiten.
sodass ich nur nachmittags arbeiten muss.

b) Ich habe mehr Zeit für meine Freunde.
______.

c) Ich kann abends lange ausgehen.
______.

d) Ich muss am anderen Tag nicht früh aufstehen.
______.

e) Ich bin nicht mehr so gestresst wie früher.
______.

5 Der Traumchef

Schreiben Sie Sätze mit *so ... dass*.

a) Mein Chef – intelligent – für alles eine Lösung wissen
Mein Chef ist so intelligent, dass er für alles eine Lösung weiß.

b) ... – fleißig – morgens als Erster im Büro sein
Mein Chef ______.

c) ... – großzügig – jedes Jahr eine Lohnerhöhung geben
______.

d) ... – charmant – alle Frauen sich in ihn verlieben
______.

e) ... – tolerant – (wir) auch einmal zu spät kommen können
______.

f) ... – verständnisvoll – alle unsere Probleme verstehen
______.

6 Selbstständig oder angestellt?

Ergänzen Sie die richtige Satzverbindung.

a) Ich brauche ein regelmäßiges Gehalt, *(weil/denn/deshalb)* denn ich habe Familie.

b) Ich möchte mich auch nicht selbstständig machen. Ich habe *(also/nämlich/deshalb)* ________ eine gute Position in meiner Firma.

c) Ich will auch angestellt sein, *(sodass/deshalb/also)* ________ ich nicht das volle Risiko tragen muss.

d) Ich arbeite gern in meiner Firma, *(weil/also/sodass)* ________ ich mich so gut mit meinen Kollegen verstehe.

e) Ich war unzufrieden in meiner Firma. *(Also/Nämlich/Denn)* ________ habe ich mich selbstständig gemacht.

f) Ich bin selbstständig, *(denn/weil/sodass)* ________ ich meine eigene Chefin sein will.

g) Ich konnte mich in meiner Firma nicht verwirklichen, *(deshalb/nämlich/denn)* ________ bin ich selbstständig.

h) Ich hatte das notwendige Startkapital. Ich habe *(denn/also/nämlich)* ________ geerbt.

7 Ideen für die Gründung einer Ich-AG

Schreiben Sie die richtige Konjunktion.

a) Viele Eltern sorgen sich, dass ihre Kinder zu wenig lesen, *(sodass / also)* ________ sie jemanden suchen, der ihren Kindern vorliest.

b) Sie können früh aufstehen und Zeitung lesen, *(denn / deshalb)* ________ viele Firmen wollen wissen, wie oft ihre Produkte in der Zeitung stehen.

c) Viele Handwerksunternehmen sortieren ihre Unterlagen im Büro nicht, *(denn / weil)* ________ sie keine Zeit dazu haben, *(sodass / deshalb)* ________ suchen sie jemanden, der diese Arbeit macht.

d) Sie bieten alten Menschen Schutz und begleiten sie, *(also / weil)* ________ viele Senioren auf dem Weg zur Bank oder zum Arzt Angst haben.

e) Viele Menschen machen wenig Sport, *(sodass / deshalb)* ________ brauchen sie jemanden, der mit ihnen trainiert.

8 Silbensalat: Berufe

Ordnen Sie die Silben. Schreiben Sie auch die Artikel dazu.

a) ~~SEKRE~~ - RER *die Sekretärin*
b) SCHAU - LEITER ____________
c) HAUS - RIN ____________
d) FOTO - CKER ____________
e) TAXI - MODELL ____________
f) REISE - ZISTIN ____________
g) BÄ - FAHRER ____________
h) LEH - ~~TÄRIN~~ ____________
i) POLI - SPIELER ____________
j) AUTO - FRAU ____________

9 Wer ist das?

Raten Sie den Beruf.

a) Sie steuert ein Flugzeug. *Pilotin*
b) Er schneidet anderen Leuten die Haare. ____________
c) Sie macht andere Leute gesund. ____________
d) Er arbeitet in der Küche eines Restaurants. ____________
e) Er arbeitet in einem Geschäft. ____________
f) Er bedient die Leute in einem Restaurant. ____________
g) Sie arbeitet an der Universität. ____________

10 Wortbildung

Ergänzen Sie die Endungen.

ent ◆ ant ◆ iv ◆ lich

attrakt*iv* – freund___ – intellig___ – kommunikat___ – konsequ___ – kreat___ – ordent___ – pünkt___ – toler___ – charm___

11 Soziale Fähigkeiten

Wie heißt das Adjektiv? Schreiben Sie.

selbstbewusst ◆ kontaktfreudig ◆ einfühlsam ◆ ~~offen~~ ◆ zuverlässig ◆ großzügig ◆ flexibel ◆ sorgfältig

a) Sind Sie bereit, Neues zu akzeptieren? Dann sind Sie *offen*!
b) Sind Sie fähig, sich schnell an veränderte Bedingungen anzupassen? Dann sind Sie ____________!
c) Sind Sie fähig, die Probleme und Gefühle anderer gut zu verstehen? Dann sind Sie ____________!
d) Lernen Sie gerne neue Leute kennen? Dann sind Sie ____________!
e) Sind Sie von sich und Ihren Fähigkeiten überzeugt? Dann sind Sie ____________!
f) Können wir uns auf Sie verlassen? Dann sind Sie ____________!
g) Geben Sie gern und viel? Dann sind Sie ____________!
h) Arbeiten Sie gewissenhaft und mit großer Genauigkeit? Dann sind Sie ____________!

Sie sind die richtige Person für uns! Melden Sie sich bitte unter …

12 Gegenteil ausdrücken 1

Wo passt *un*-? Ergänzen Sie, wo möglich.

_____un_____zuverlässig – ______________________

__________selbstbewusst – ______________________

__________ordentlich – ______________________

__________großzügig – ______________________

__________flexibel – ______________________

__________verständnisvoll – ______________________

__________pünktlich – ______________________

__________geduldig – ______________________

__________offen – ______________________

13 Gegenteil ausdrücken 2

Ergänzen Sie in Übung 11.

geizig ◆ verständnislos ◆ verschlossen ◆ unsicher

14 Stellenanzeigen

Bringen Sie die Wörter in die richtige Reihenfolge.

1

Zur Verstärkung unseres Teams suchen wir einen _offen__________en (FOFEN), __________________en (VKATI), und __________________freudigen (NKOTAKT) Werbetexter.

Bitte schicken Sie Ihre Bewerbungen an Frau Herz.

Werbeagentur Hübner

2

Wir suchen für die Sommersaison eine __________________e (ÄSSUIGLZVRE), __________________e (ICHFUENDRL) Bedienung. Sind Sie __________________ (LILEFXBE)? Dann bewerben Sie sich bei uns.

Hotel Alpenblick

3

Altenpfleger/-in für sofort gesucht!

Sie sind __________________ (GIGDULED), __________________voll (DNREVÄSTNIS) und auch __________________ (EGRNESCHI).

Wir freuen uns auf Ihre Bewerbung.

Seniorenresidenz Am See

4

Aushilfe im Verkauf gesucht!

Sind Sie modebewusst, __________________ (TTAKIVTRA) und __________________ (RAMTCHAN) und beraten Sie gern?

Modeboutique Stella

15 Präpositionen mit Genitiv 1

Unterstreichen Sie die Präpositionen mit Genitiv.

innerhalb ◆ von ◆ für ◆ außerhalb ◆ durch ◆ hinter ◆ vor ◆ zwischen ◆ aus ◆ wegen ◆ bei ◆ ohne ◆ gegen ◆ seit ◆ trotz ◆ nach ◆ während ◆ mit

16 Präpositionen mit Genitiv 2

Ergänzen Sie die richtigen Präpositionen mit Genitiv.

a) Das Open-Air-Konzert findet *(wegen/während/trotz)* _wegen_ des Regens nicht statt. *(weil es regnet)*

b) Wir stehen Ihnen *(außerhalb/wegen/während)* ________ unserer Sprechzeiten jederzeit zur Verfügung. *(wenn wir Sprechzeiten haben)*

c) Die Veranstalter sind *(wegen/trotz/innerhalb)* ________ der wenigen Besucher zufrieden. *(obwohl es wenig Besucher gab)*

d) *(Innerhalb/Außerhalb)* ________ der Saison werden die Zimmer nicht vermietet. *(wenn keine Saison ist)*

e) Der Schulbus fährt nur *(während/außerhalb)* ________ der Schulzeiten. *(wenn Schule ist)*

f) *(Während/Außerhalb/Trotz)* ________ der Tage zwischen Weihnachten und Neujahr bleibt unser Geschäft geschlossen. Wir bitten um Ihr Verständnis.

g) *(Innerhalb/Wegen/Trotz)* ________ der vielen Bewerbungen konnte sich die Geschäftsführung für keinen der Kandidaten entscheiden. Die Stelle wird noch einmal ausgeschrieben.

h) *(Während/Innerhalb/Außerhalb)* ________ des Betriebsgebäudes ist das Rauchen verboten.

17 Präpositionen mit Genitiv 3

Ergänzen Sie die Präpositionen mit Genitiv.

a) _Während_ der Arbeitszeiten ist das Kaffeetrinken in den Büroräumen verboten.

b) ________ des schlechten Wetters wurde die Veranstaltung auf das nächste Wochenende verschoben.

c) Bitte schicken Sie mir die angeforderten Unterlagen ________ der nächsten zwei Wochen.

d) *Anrufbeantworter:* Sie rufen ________ unserer Sprechzeiten an. Sie können uns von Montag bis Freitag von 9 Uhr bis …

e) ________ seiner guten Noten findet er keine Ausbildungsstelle.

Übungen zu Teil C

18 Der Traumjob

Schreiben Sie Sätze mit *brauchen* + *nicht* + Infinitiv mit *zu*.

a) Sie müssen sich nicht bewerben.
Sie brauchen sich nicht zu bewerben ______.

b) Sie müssen sich nicht vorstellen.
______.

c) Sie müssen morgens nicht früh aufstehen.
______.

d) Sie müssen nicht regelmäßig arbeiten.
______.

e) Sie müssen sich nicht an einen unbequemen Schreibtisch setzen.
______.

f) Sie müssen sich nicht über ihre Kollegen ärgern.
______.

g) Sie müssen Ihre Arbeit nicht pünktlich erledigen.
______.

h) Sie müssen sich abends nicht erschöpft vor den Fernseher setzen.
______.

Tut uns leid. Den Job gibt es nicht! Oder kennen Sie vielleicht einen solchen Job?

19 Einfache Lösungen?

Verneinen Sie die Sätze mit *brauchen* + *kein(e)* + Infinitiv mit *zu*.

a) Ich mache mir viel zu viele Sorgen.
Du brauchst dir keine Sorgen zu machen.

b) Ich mache mir viel zu viel Stress.
______.

c) Ich suche mir eine andere Wohnung.
______.

d) Ich besuche einen Yoga-Kurs.
______.

e) Ich gehe zu einem Psychiater.
______.

20 Ratschläge

Antworten Sie mit *brauchen* + *nur* + Infinitiv mit *zu*.

a) Ich komme jeden Morgen zu spät zur Arbeit.

Du brauchst doch nur früher aufzustehen.

(doch nur früher aufstehen)

b) Ich ärgere mich jeden Tag über meinen Arbeitskollegen.

____

(ihm doch nur mal die Meinung sagen)

c) Ich verdiene viel zu wenig Geld.

____

(mit deinem Chef doch nur über eine Gehaltserhöhung verhandeln)

d) Ich habe viel zu viel Arbeit.

____

(doch nur deine Arbeit anderen Kollegen geben)

e) Ich bin abends zu müde, um auszugehen.

____

(doch nur weniger arbeiten)

Übungen zu Teil E

21 Wortsalat

Schreiben Sie die Verben richtig.

a) Stellenanzeigen SELEN lesen __________ / AUFEGBEN ________________

b) eine „Blindbewerbung" BESCHEIRN ________________ / ICKSCHEN ________________

c) im Internet nach etwas EUSCHN ________________

22 Welche Informationen gehören in einen tabellarischen Lebenslauf?

Markieren Sie.

Krankheiten ◆ Körpermaße ◆ Interessen ◆ Berufserfahrung ◆ Traumberufe ◆ Persönliche Daten ◆ Lieblingsmusik ◆ Studienvorbereitung ◆ Weitere Qualifikationen ◆ Urlaubsziele ◆ Studium ◆ Schulbildung

23 Vollständige Bewerbungsunterlagen

Ergänzen Sie die Begriffe.

Unterlagen zu weiteren Qualifikationen ◆ Zeugniskopien (Abschluss- und Arbeitszeugnisse) ◆ Referenzen ◆ ~~Individuelles Anschreiben~~ ◆ Tabellarischer Lebenslauf

a) Sie entwerfen einen Brief, in dem Sie kurz schreiben, warum Sie sich bewerben und warum Sie sich für diese Stelle eignen.
Individuelles Anschreiben

b) Sie fassen in Stichworten zusammen, was Sie bisher alles gemacht haben.
____

c) Sie schicken Belege über Ihre Prüfungen und Abschlüsse mit, die Sie gemacht haben.
____

d) Sie schicken Belege dafür mit, was Sie noch zusätzlich neben Ihrer Ausbildung gemacht haben.
____

e) Sie schicken alle Schreiben mit, in denen Sie von anderen Personen beurteilt wurden.
____

24 Das Bewerbungsschreiben

Ordnen Sie die Sätze zu. Es gibt mehrere Möglichkeiten.

1 **Einstieg** (wie Sie das Bewerbungsschreiben beginnen)
2 **Überleitung** (wann Sie beginnen können und was Sie zurzeit machen)
3 **Erläuterung** (warum Sie für die Stelle geeignet sind)
4 **Schluss-Satz** (bitten Sie um ein Vorstellungsgespräch)

2 Ich könnte Ihnen ab sofort / ab … zur Verfügung stehen.
____ Aufgrund meines Studiums der … / meiner Ausbildung zur / meiner bisherigen Tätigkeit als …
____ Ich würde mich sehr gern persönlich bei Ihnen vorstellen und freue mich über eine Einladung.
____ In Ihrer Stellenanzeige in … vom … suchen Sie … Ich möchte mich gern auf diese Stelle bewerben.
____ Über die Einladung zu einem persönlichen Vorstellungsgespräch würde ich mich sehr freuen.
____ Ihre Stelle ist für mich von großem Interesse und ich würde mich über ein persönliches Vorstellungsgespräch sehr freuen.
____ Seit … bin ich als … beschäftigt.
____ Mit großem Interesse las ich Ihre Stellenanzeige vom …
2 Die Stelle als … könnte ich sofort / in … / ab … antreten.
____ Meine beruflichen Erfahrungen im Bereich … sammelte ich während meiner Tätigkeit als …
____ Ich habe Ihre Stellenanzeige in … vom … gelesen und möchte mich gern bewerben.
____ Ich interessiere mich seit Beginn meiner beruflichen Laufbahn …
____ Zurzeit bin ich als … tätig / arbeite ich als …

25 *-reich*, *-frei* oder *-arm*?

Ergänzen Sie.

a) viele Vitamine *vitaminreich* __________
b) lange Tradition __________
c) großer Umfang __________
d) viel Erfolg __________
e) große Zahl __________
f) wenig Fett __________
g) ohne Alkohol __________
h) große Hilfe __________
i) viele Ideen __________
j) ohne Auto __________
k) viel Abwechslung __________
l) wenig Kontakte __________
m) ohne Gebühren __________
n) wenig Konflikte __________

26 Wie heißt das Adjektiv?

Ergänzen Sie.

a) eine Ernährung mit wenig Kalorien *eine kalorienarme Ernährung* __________
b) ein Anruf, der nichts kostet __________
c) eine Situation voller Konflikte __________
d) eine Erklärung, die hilft __________

27 Wiederholung: *-los* oder *-voll*?

Ergänzen Sie. Bei manchen Adjektiven sind beide Endungen möglich. Schlagen Sie auch im Wörterbuch nach.

a) der Erfolg *erfolglos* __________
b) die Hilfe __________
c) die Fantasie __________
d) die Liebe __________
e) der Mut __________
f) die Rücksicht __________
g) die Sprache __________
h) die Kraft __________
i) der Humor __________
j) das Gefühl __________
k) die Pause __________
l) der Rat __________

KONFLIKTE UND LÖSUNGEN

Übungen zu Teil A

1 **Buchstabensalat: Was sollte man in einer Partnerschaft haben?**

Ordnen Sie die Wörter.

haben

a) zum Partner VERTENRAU
Vertrauen

b) gemeinsame HBYSOB
____

c) unterschiedliche INESSENTER
____

d) vor dem Partner keine GHEIMENISSE
____

e) die gleichen FTENREIHEI
____

f) gemeinsam KDERIN
____

2 **Wie ein Streit abläuft …**

Bringen Sie die Verbgruppen in eine sinnvolle Reihenfolge.

☐ sich miteinander versöhnen

☐ nachgeben

☐ unterschiedlicher Meinung sein

1 dem anderen Vorwürfe machen

3 **Redemittel 1: Ärger und Unzufriedenheit ausdrücken**

Ergänzen Sie die Begriffe.

Wie oft ◆ nicht wahr ◆ so einen Krach ◆ nie ◆ ein Mal in Ruhe ◆ ~~hundert Mal~~

a) Ich hab' dir doch schon *hundert Mal* gesagt, dass ich nicht gestört werden möchte, wenn ich Zeitung lese.

b) Musst du denn immer __________ machen, wenn ich schlafe?

c) Kann man denn nicht __________ mit dir sprechen?

d) __________ muss ich dir noch sagen, dass du die Wäsche aufhängen sollst?

e) Das darf doch wohl __________ sein!

f) Du hörst mir __________ zu.

4 **Redemittel 2: Reaktionen**

Ordnen Sie zu.

1 Dir kann man *c*	a) endlich mal damit aufhören?!
2 Kannst du nicht ☐	b) doch nicht auf.
3 Immer machst du Probleme, ☐	c) aber auch nichts recht machen!
4 Jetzt reg dich ☐	d) wo gar keine sind.

5 Zu Hause

Ordnen Sie die Bilder zu. Bringen Sie die Dialoge in eine sinnvolle Reihenfolge.

Dialog 1 Bild C

______ ● Bist du sicher? Du machst so ein trauriges Gesicht.

__1__ ● Hast du was?

______ ■ Ach, nein.

______ ● Wie du meinst. Aber sag mir bitte, wenn ich etwas damit zu tun habe.

______ ■ Nein, wirklich nicht.

Dialog 2 Bild

______ ■ Wieso denn?

______ ▲ Kannst du nicht endlich damit aufhören?

______ ■ Du hast ja recht, ich kann es einfach nicht lassen. Es fällt mir so schwer.

______ ▲ Weil du es mir versprochen hast. Und gesund ist es auch nicht.

Dialog 3 Bild

______ ● Ich habe das Gefühl, du hörst mir überhaupt nicht zu.

______ ▲ Was ist denn jetzt schon wieder los?

______ ▲ Jetzt reg dich doch nicht so auf. Dann esse ich ihn eben.

______ ● Ich hab dir doch schon hundert Mal gesagt, dass ich keinen Fisch esse.

Dialog 4 Bild

______ ■ Ja, ich finde das sehr beruhigend nach der Arbeit.

______ ● Sag mal, musst du dir immer diese blöden Serien anschauen?

______ ■ Ach, immer machst du Probleme, wo gar keine sind. Jetzt setz dich halt dazu. Es ist ja gleich vorbei.

______ ● Beruhigend? So ein Quatsch. Mich regt das total auf.

Übungen zu Teil B

6 Geben Sie Ihrer Kollegin Ratschläge.

Ergänzen Sie die Satzanfänge.

Du darfst auf keinen Fall ◆ An deiner Stelle ◆ ~~Das Beste wäre~~ ◆ Ich finde

a) *Das Beste wäre* ______, wenn du klar deine Meinung sagen würdest.
b) ______, du solltest ganz offen mit deiner Kollegin sprechen.
c) ______ würde ich den Arbeitsplatz wechseln.
d) ______ andere Kollegen fragen.

7 Verben und Ausdrücke mit Präpositionen

Ergänzen Sie die Präposition, das Pronominaladverb und das Fragepronomen.

Verb/Ausdruck mit Präposition	Pronominaladverb	Fragepronomen
a) Lust haben *zu*	*dazu*	*wozu*
b) sich erinnern ______	______	______
c) warten ______	______	______
d) sich ärgern ______	______	______
e) überzeugt sein ______	______	______
f) zufrieden sein ______	______	______
g) sich erkundigen ______	______	______
h) bitten ______	______	______
i) protestieren ______	______	______
j) Angst haben ______	______	______

8 Denken Sie auch einmal an sich!

Ergänzen Sie das Pronominaladverb.

a) Sie fühlen sich müde und leer?
Das könnte ein Hinweis *darauf* ______ sein, dass Sie zu viel arbeiten und sich zu wenig bewegen.

b) Sie können sich nicht mehr konzentrieren?
Haben Sie schon einmal ______ nachgedacht, Yoga oder Tai Chi zu machen?

c) Sie sind nervös und haben Herzrasen?
Das könnte ______ liegen, dass Sie zu viel Kaffee trinken.

d) Sie fühlen sich kraftlos?
Achten Sie ______, einmal auszuspannen oder einen Spaziergang zu machen.

e) Sie sind unzufrieden mit Ihrer Arbeit?
Haben Sie doch einfach den Mut ______, einmal „Nein“ zu sagen.

f) Sie haben schon lange keinen Urlaub mehr genommen?
Denken Sie ______, dass Sie nur einmal leben.

9 Gespräche

Ergänzen Sie die Pronominaladverbien.

a) ● Hast du die Stellenanzeige in der Süddeutschen Zeitung gelesen? BMW sucht einen Trainer für interkulturelle Seminare.

■ Ja, ich habe mich bereits *darauf* (1) beworben.

● Da hast du sicherlich gute Chancen, mit deinen Erfahrungen bist du absolut geeignet ________ (2).

b) ● Du siehst sehr müde aus. Geht es dir nicht gut?

■ Na ja, nicht besonders, die Arbeit, die Kollegen, die vielen Überstunden. Ich schaffe das alles nicht mehr, ich träume nachts schon ________ (1).

● Was soll ich ________ (2) sagen? Es ist immer wieder das Gleiche. Du beschwerst dich ________ (3), aber du hast bis heute nichts geändert.

c) ● Und wie ist die Arbeit in einem Großraumbüro?

■ Ganz gut, es ist zwar etwas lauter, aber ________ (1) werde ich mich gewöhnen. Und wenn einer zu spät kommt, achtet man natürlich viel mehr ________ (2). Die Geschäftsleitung hat mir ja ein eigenes Büro angeboten, aber ich habe mich bewusst ________ (3) entschieden. Der enge Kontakt mit den Kollegen ist mir wichtiger.

d) ● Guten Morgen, Frau Seidler. Gab es Anrufe für mich?

■ Ja, ein Herr Dr. Schnell hat angerufen und wollte wissen, ob Sie heute noch vorbeikommen.

● ________ (1) werde ich keine Zeit finden. Machen Sie doch einen anderen Termin mit ihm aus.

■ Ich werde mich sofort ________ (2) kümmern.

10 Was genau, bitte?

Ergänzen Sie die Pronominaladverbien.

a) Ach, ich habe gar keine Lust *darauf*. – ________ hast du keine Lust? – Heute Abend tanzen zu gehen. Ich bin so müde.

b) Ich finde, ich bin überhaupt nicht ________ geeignet. – ________ bist du nicht geeignet? – Na, als Lehrerin. Ich hatte so einen furchtbaren Tag.

c) Ich habe mich jetzt ________ entschieden. – ________ hast du dich entschieden? – Dass ich allein in Urlaub fahre.

d) Ich habe solch eine Angst ________. – ________ hast du Angst? – Na, vor der Matheprüfung morgen.

e) Ich habe solche Probleme ________. – ________ hast du Probleme? – Dass die Kinder nun schon so selbstständig sind.

f) Ich bin überhaupt nicht ________ zufrieden. – ________ bist du nicht zufrieden? – Na, mit meiner neuen Frisur.

g) Ich kann mich ganz und gar nicht ________ gewöhnen. – ________ kannst du dich nicht gewöhnen? – An die neuen Möbel.

h) Ich möchte gar nicht ________ reden. – ________ möchtest du nicht reden? – Über den Ärger mit meinen Kollegen.

i) Ich finde einfach keine Zeit ________. – ________ findest du keine Zeit? – Mich um den Garten zu kümmern.

11 Frust und Probleme bei der Arbeitssuche

Bilden Sie Sätze mit Pronominaladverbien.

a) Ich möchte keine Bewerbung mehr schreiben.
(keine Lust mehr haben zu) Ich habe keine Lust mehr dazu, Bewerbungen zu schreiben.

b) Ich bekomme immer nur Absagen.
(Angst haben vor) ____________________.

c) Die Absagen sind immer sehr unpersönlich.
(sich ärgern über) ____________________.

d) Ich bin immer für die Stellen geeignet.
(überzeugt sein von) ____________________.

e) In den nächsten Tagen kommt sicherlich eine Zusage.
(warten auf) ____________________.

f) Ich schaue mir keine Stellenanzeigen mehr an.
(nicht den Mut haben zu) ____________________.

12 Sache oder Person?

Ergänzen Sie die Präposition und das Personalpronomen oder das Pronominaladverb.

a) Raucht dein Kollege noch immer im Büro? – Nein, nicht mehr, ich habe deswegen ein ernstes Gespräch mit ihm geführt.

b) Und, wie war deine Konferenz? – Bitte, lass uns später __________ reden. Ich muss mich erst etwas ausruhen.

c) Was ist denn passiert? So wütend habe ich deine Chefin noch nie erlebt. – Oh, ich hatte einen furchtbaren Streit __________.

d) Und wie lief das Seminar? – Es geht so, ich habe einfach noch große Probleme __________, vor einer Gruppe zu sprechen.

e) Ich möchte gerne mit dem Chef sprechen. Würden Sie bitte für mich einen Termin __________ vereinbaren?

f) Mein Chef hat mir angeboten, zwei Jahre für die Firma nach Mexiko zu gehen. – Und was hast du gesagt? Also, ich hätte ja nicht den Mut __________.

13 Fragepronomen

Ergänzen Sie.

a) *Woran* denkst du gerade? – *An* meine Kündigung.
b) __________ regen Sie sich denn so auf? – __________ meinen neuen Chef.
c) __________ lacht ihr denn so? – __________ den neuesten Witz von Stefan.
d) __________ willst du beginnen? – __________ dem Brief an meinen Chef.
e) __________ könnten Sie am wenigsten verzichten? – __________ meine Kaffeepause.
f) __________ haben Sie sich nun entschieden? – __________ eine Verlängerung meines Urlaubs.
g) __________ möchtest du dich denn entschuldigen? – __________ mein Verhalten gestern Abend.

Übungen zu Teil C

14 Wortschatz: Was sagen Sie?

Markieren Sie die richtige Lösung.

1 Sie ärgern sich über sich selbst.

- a) Keine Ahnung!
- b) Vergiss es!
- X c) Ich Dummkopf!

2 Sie finden gut, was Ihre Kollegin gemacht hat und wollen sie loben.

- a) Du spinnst wohl!
- b) Prima!
- c) Glück gehabt!

3 Sie halten eine andere Person für verrückt.

- a) Du spinnst!
- b) Selber Schuld!
- c) Alles in Ordnung!

4 Eine Sache interessiert Sie überhaupt nicht.

- a) Ich hab was vergessen.
- b) Das ist mir doch egal!
- c) Spitze, gut gelaufen!

15 Wörter mit *irgend-*

Ergänzen Sie.

irgendwelche ◆ irgendetwas ◆ irgendeinen ◆ ~~irgendwie~~ ◆ irgendjemand ◆ irgendwann

● Du bist *irgendwie* (1) so schweigsam.
Ist etwas nicht in Ordnung? Hast du __________ (2)?
Gibt es __________ (3) Probleme?
Hat dich __________ (4) geärgert?
Habe ich dir __________ (5) Grund gegeben für deine schlechte Laune?
Wirst du __________ (6) mit mir reden?

■ Bis jetzt hatte ich kein Problem, ich werde aber gleich eins haben, wenn du so weiterfragst.

16 An welcher Position stehen die Wörter mit *irgend-*?

Markieren Sie die richtige Positionen.

a) Hättest ___ du X Zeit ___ für ___ mich ___? *(irgendwann)* Ich müsste dringend mit dir sprechen.
b) Meinst du, dass ___ wir ___ Grund ___ sagen ___ müssen ___ für unsere Verspätung? *(irgendeinen)* – Nein, wir sagen einfach gar nichts.
c) Es ___ hat ___ angerufen ___, aber ich habe seinen Namen nicht verstanden. *(irgendjemand)* – Ach, er ___ wird ___ zurückrufen ___, wenn es wichtig war. *(irgendwann)*
d) Du ___ machst ___ so ___ ein komisches Gesicht. *(irgendwie)* Ist etwas? – Ja, ich habe furchtbare Zahnschmerzen.
e) Kann ___ ich ___ Ihnen ___ helfen ___? *(irgendwie)* – Nein, danke. Ich komme schon zurecht.
f) Ich habe gehört, du ___ hast ___ Probleme mit deinen Vermietern. *(irgendwelche)* – Ja, sie haben mir die Wohnung gekündigt.

Übungen zu Teil D

17 Kundengespräche

Ergänzen Sie.

aufregen ◆ ~~bedient~~ ◆ stören ◆ Beschwerde ◆ Service ◆ beschweren ◆ Vorschlag ◆ Wunsch

a) Entschuldigung, werden Sie schon *bedient* ___? – Nein. – Was kann ich für Sie tun?
b) Haben Sie sonst noch einen ___? – Nein, danke, das war's.
c) Also, das war vielleicht eine unfreundliche Verkäuferin! Ich könnte mich richtig ___. Ich ___ mich bei der Geschäftsleitung. – Beruhig dich doch.
d) Entschuldigen Sie bitte, könnten Sie die Musik etwas leiser machen? Das ___ mich. – Aber selbstverständlich.
e) Du hast aber viel Trinkgeld gegeben! – Das ist doch o. k. Der ___ war doch gut.
f) Entschuldigung. Ich habe da eine ___. Dieses Gerät habe ich gestern bei Ihnen gekauft. Es funktioniert aber nicht. – Lassen Sie mal sehen.
g) Die Hose steht Ihnen wirklich sehr gut. – Aber sehen Sie, hier ist die Naht etwas aufgerissen. – Sie haben recht. Da mache ich Ihnen einen ___. Sie zahlen 30 % weniger.

18 Wiederholung: Adjektivdeklination im Dativ

Ergänzen Sie die Endungen.

1

Wir suchen für unseren **Kundenservice**

eine Teilzeitkraft

- mit gut*en* Englischkenntnisse__
- langjährig__ Erfahrung im Dienstleistungsbereich
- ein__ sympathisch__ Stimme und
- groß__ Interesse, sich in einen neuen Tätigkeitsbereich einzuarbeiten.

Wir freuen uns auf Ihre Bewerbung.

2

Sind Sie gern mobil?
Wir suchen für unseren **Außendienst**

eine/n **Vertreter/in**

mit ein__ abgeschlossen__ kaufmännisch__ Lehre und einem sicher__ Umgang mit Kunden. Wir bieten Ihnen einen Job mit gut__ Aufstiegsmöglichkeit__ in ein__ nett__ Team. Bewerben Sie sich bitte bei:

19 Eine gestresste Bedienung! Wiederholung: Adjektivdeklination im Nominativ, Akkusativ und Dativ.

Ergänzen Sie die Endungen.

a) Was wünschen Sie zum Essen? – Ich hätte gerne den gegrillten Fisch. Aber bitte nicht mit gemischt___ Gemüse an fein___ Buttersoße. Könnte ich stattdessen bitte ein___ klein___ Salat bekommen? – Aber natürlich.

b) Hallo, bekomme ich zu mein___ schwäbisch___ Spätzle auch noch Soße? – Oh, die muss ich vergessen haben. Ich bringe Sie Ihnen sofort.

c) Bedienung, gibt es auch noch ander___ Gerichte als die, die auf der Speisekarte stehen? – Nein, tut mir leid.

d) Bedienung, ich habe ein___ trocken___ Rotwein bestellt, der hier ist aber süß. – Ich bringe Ihnen sofort ein___ ander___.

e) Also, mein Steak ist vollkommen hart. – Dann beschweren Sie sich bitte bei unser___ neu___ Küchenchef.

f) Was ist denn das für eine langsam___ Bedienung hier? Ich warte schon seit ein___ halb___ Stunde auf mein Essen. – Entschuldigen Sie bitte, aber Sie sind nicht der einzig___ Gast hier.

g) Hallo, ich möchte bitte bezahlen. – Sofort. Also, Sie hatten ein Schnitzel mit Pommes frites und ein___ grün___ Salat. Und was hatten Sie zu trinken? – Ein klein___ Bier.

h) Oh je, bei mir in der Suppe schwimmt ein___ lang___ Haar. Das ist ja ekelhaft. Bedienung! – Ja, bitte. – Ich möchte sofort ein___ ander___ Suppe!

i) Entschuldigung, können wir noch warm___ Essen bestellen? – Natürlich. Unsere Küche hat durchgehend geöffnet.

j) Hier steht „Salat der Saison". Was ist denn das? – Das sind verschieden___ grün___ Blattsalate mit geröstet___ Sonnenblumenkernen. – Das klingt gut. Den nehme ich.

20 Die Sonnen- und Schattenseiten des Lebens.

Ergänzen Sie die Endungen im Genitiv.

Ich freue mich über …

a) das Geräusch spielender Kinder.
b) den Klang singend___ Vögel.
c) das Lächeln d___ freundlich___ Bäckerin.
d) den Klang ein___ schön___ Musik.
e) die Hilfsbereitschaft ein___ nett___ Kollegen.
f) den Duft blühend___ Rosen.

Ich bin traurig über …

g) den Abschied ein___ gut___ Freundes.
h) den Tod ein___ geliebt___ Person.
i) die Ungeduld mein___ langjährig___ Partners.
j) das Scheitern ein___ einst glücklich___ Beziehung.
k) das Misstrauen gut___ Freunde.

21 Wortschatz: Synonyme Verben

Ordnen Sie zu.

1 sich ärgern *c*	a) schreiben
2 belästigen	b) annehmen
3 fordern	c) sich aufregen
4 formulieren	d) äußern
5 akzeptieren	e) verlangen
6 sagen	f) stören

22 Wortschatz: Nomen-Verb-Verbindungen

Ergänzen Sie die Verben.

~~ablehnen~~ ◆ erfüllen ◆ finden ◆ vorbringen

a) einen Vorschlag *ablehnen*

b) einen Kompromiss ____________

c) eine Beschwerde ____________

d) einen Wunsch ____________

23 Beschwerden

Ergänzen Sie die Dialoge.

~~Das ist eine Unverschämtheit~~ ◆ Hat es Ihnen bei uns gefallen ◆ Also, mir reicht's ◆ Kann ich etwas für Sie tun ◆ Ich muss Ihnen aber leider sagen … ◆ ~~Tut mir leid~~ … ◆ Ich muss ihn persönlich sprechen ◆ Könnte ich bitte mit dem Geschäftsführer sprechen ◆ Das tut mir wirklich sehr leid …

1

● Entschuldigen Sie. ____________?

■ *Tut mir leid*, aber er ist nicht da. ____________?

● Nein, danke. ____________.

2

▲ ____________?

■ Na ja, die Zimmer sind sehr schön, das Essen war auch ganz gut.

▲ Das freut uns. Vielen Dank.

■ ____________, dass mir die Landschaft hier überhaupt nicht gefallen hat, zu viele Berge, zu wenig Wasser. Das nächste Mal fahre ich wieder ans Meer.

3

▲ *Das ist eine Unverschämtheit*! Ich warte schon mindestens eine Stunde auf mein Essen.

● ____________, aber zwei unserer Köche sind krank.

▲ Na, dann müssen Sie Ihr Restaurant eben schließen. ____________! Ich gehe.

24 Sagen Sie es anders.

Ordnen Sie zu.

1 Darüber kann man reden. *b*	a) Entschuldigen Sie, bitte. Es soll nicht wieder vorkommen.
2 Waren Sie mit dem Essen zufrieden? ___	b) Damit könnte ich leben.
3 Das tut mir wirklich leid. ___	c) Ich mache Ihnen ein Angebot: ...
4 Wir könnten uns vielleicht darauf einigen, dass ... ___	d) Hat es Ihnen geschmeckt?

25 Schriftliche Reklamationen ans Möbelhaus.

da oder *denn?* Ergänzen Sie.

a) Ich formuliere meine Beschwerde nun schriftlich, *da* ich nach mehreren Telefonaten immer noch auf meinen Schrank warte, den ich vor vier Monaten bei Ihnen bestellt habe.

b) ______________ wir mit der Bedienung unserer neuen Küchengeräte Schwierigkeiten haben, möchten wir Sie hiermit bitten, Ihren Kundenservice vorbeizuschicken.

c) Die Lieferung meines Schlafzimmers hat sich nun bereits mehrere Wochen verzögert. Darüber bin ich sehr verärgert, ______________ Sie hatten mir fest zugesichert, es rechtzeitig zu liefern. ______________ ich deswegen auf dem Boden schlafen muss und heftige Rückenschmerzen habe, fordere ich Schadensersatz.

d) Ich möchte Sie darüber informieren, dass Ihre Handwerker beim Aufbau meines Wohnzimmerschrankes Kratzer auf meinem Parkettboden hinterlassen haben. ______________ ich nun die Rechnung über die Reparatur erhalten habe, bitte ich Sie, dafür die Kosten zu übernehmen. Die Kopie der Rechnung liegt bei.

e) Es ist mir nicht möglich, die von Ihnen gelieferte Kommode aufzubauen, ______________ es fehlen die dazu passenden Schrauben. ______________ ich in dieser Sache schon mehrere Male mit Ihrem Kundenservice telefoniert habe, fordere ich die Schrauben nun schriftlich an.

f) Ich möchte Sie darüber informieren, dass ich auch Ihre zweite Mahnung zur Zahlung des Perserteppichs nicht akzeptiere, ______________ der Teppich hatte mehrere kleine Löcher! ______________ ich dies bereits bemängelt habe, fordere ich Sie nochmals auf, mir ein fehlerfreies Exemplar zu schicken.

Gemeinsinn statt Egoismus

Übungen zu Teil A

1 Wortschatz: Lebenssinn

Ergänzen Sie die Verben und – wenn nötig – die Präpositionen.

~~nach~~ ◆ über

finden ◆ ~~suchen~~ ◆ nachdenken ◆ stellen ◆ geben

a) *nach* dem Sinn seines Lebens *suchen*

b) ________ sich die Frage nach dem Sinn des Lebens ________

c) ________ den Sinn des Lebens in Gott ________

d) ________ den Sinn seines Lebens ________

e) ________ dem Leben einen Sinn ________

2 Was verstehen Sie unter einem sinnvollen Leben?

Ergänzen Sie die Verben.

betreuen ◆ ~~kämpfen~~ ◆ sich ... leisten ◆ tun

a) für mehr Gleichheit und Gerechtigkeit *kämpfen*

b) Projekte in der Dritten Welt ________

c) etwas Sinnvolles ________

d) ________ Luxus ________

3 Gutes tun.

Markieren Sie die richtige Präposition und ordnen Sie zu.

1 Zeit *für/von/zu* *e*	a) die Dritte Welt unterstützen
2 die Hoffnung *für/auf/über*	b) Leben verändern
3 das Engagement *zu/für/auf*	c) mehr Gerechtigkeit nicht aufgeben
4 einen Schritt *von/zu/auf*	d) einen Menschen zugehen
5 seine Einstellung *vom/zum/im*	e) die Eltern haben

4 Wortigel: *Leben(s)*-

Ordnen Sie die Silben. Schreiben Sie auch die Artikel dazu.

Lebens-

a) KISRE
krise, die

b) ENGIEER
____

c) AUGABFE
____

d) SNIN
____

e) WGE
____

Übungen zu Teil B

5 Die *n*-Deklination 1

Ergänzen Sie die Tabelle.

Singular

NOMINATIV	AKKUSATIV	DATIV	GENITIV
der Beamte	*den Beamten*	*dem Beamten*	*des Beamten*
der Junge			
der Kunde			
der Angestellte			
der Journalist			
der Friede			(!)
der Gedanke			(!)
(!) **das** Herz			(!)

Plural

die Beamten			

6 *n*-Deklination oder nicht?

Ergänzen Sie die Endungen, wenn nötig.

a) Hast du eigentlich schon ein Buch von diesem Autor *–* gelesen, der den Nobelpreis erhalten hat? Wie war doch gleich sein Name? – Naipaul, oder?

b) Hast du gelesen, in der Kneipe um die Ecke suchen sie einen Student___ als Kellner. Suchst du nicht einen Nebenjob? – Ja schon, aber doch nicht in der Kneipe.

c) Und hast du deinem Professor___ die Arbeit schon gezeigt? – Nein, ich habe um eine Verlängerung gebeten.

d) Wenn wir nicht so viele Ehrenamtliche___ hätten, könnten wir unseren Verein vergessen.

e) Also ich beneide unsere Pädagoge___ in den Schulen nicht. Die müssen heutzutage doch mehr erziehen als unterrichten. – Deshalb wäre das auch kein Job für mich.

f) Meine Mutter ist so von unserem neuen Pfarrer___ begeistert. Er hält anscheinend so schöne Predigten. – Kaum zu glauben!

g) Hast du den neuen Kolleg___ schon gesehen? – Nein, wie ist er denn?

h) Schau mal den kleinen Affe___ an. Ist der nicht süß? – Ja, das finde ich auch.

7 Wortschatz: Tauschbörse

Markieren Sie die passenden Verben.

a) Dienstleistungen — <u>tauschen</u> – zeigen – <u>in Anspruch nehmen</u> – nutzen
b) eine Leistung — machen – anbieten – vollbringen – zeigen
c) eine Arbeit — erledigen – machen – haben – sein
d) einen Preis — tauschen – vereinbaren – bezahlen – bestätigen
e) auf ein Konto — gutschreiben – einzahlen – zahlen – überweisen
f) ein Konto — belasten – eröffnen – auflösen – zeigen
g) einen Beitrag — leisten – zahlen – machen – erbringen

8 Indefinitpronomen *jemand(en/em)*

Ergänzen Sie.

a) Man findet heutzutage kaum *jemanden*, der glücklich mit seiner Arbeitssituation ist. – Ja, da hast du recht.

b) Kann es sein, dass __________ meinen Kugelschreiber mit genommen hat? – Also, ich habe ihn nicht!

c) Ich habe gestern __________ getroffen, den du schon sehr lange kennst. Rate mal wen! – Hm, keine Ahnung, wer das sein könnte.

d) Warst du gestern noch mit __________ aus? Ich habe versucht, dich anzurufen. – Ja, ich war mit Martin im Kino.

e) Kennst du __________, der sich mit Computern auskennt? Ich weiß nicht mehr weiter. – Ja, ein guter Freund von mir versteht recht viel davon.

f) Und, hast du gestern Abend auf der Party __________ kennengelernt? – Ach, hör auf, da waren nur Paare. Total langweilig.

9 Indefinitpronomen *man* und *ein(en/em)*

Ergänzen Sie.

a) *Man* sollte im Leben nur solche Dinge tun, die *einen* glücklich machen. – Das halte ich für sehr egoistisch.

b) Immer nur freundlich zu sein kann __________ ganz schön schwerfallen. – Ja, aber in vielen Berufen muss __________ das ja sein.

c) Das ist vielleicht ein aufdringlicher Verkäufer. Der lässt __________ ja überhaupt nicht in Ruhe. Da fühlt __________ sich so richtig beobachtet. – Komm, lass uns gehen.

d) Also, es gibt Leute, die machen __________ so richtig nervös. – Du, da muss __________ ganz cool bleiben, oft sind die genauso unsicher wie du.

e) Ich finde es wichtig, dass __________ Freunden gegenüber offen und direkt sein soll, obwohl __________ das oft gar nicht so passt, was der andere sagt.

10 **Wortigel: *Ehren-***

Schreiben Sie die Nomen. Ergänzen Sie auch die Artikel.

Ehren-

a) **D**TOROK

doktor, der ____________________

b) **U**KUNRDE

____

c) **O**RWT

____

d) **L**APTZ

____

e) **S**TAG

____

f) **M**LIEGDIT

____

11 **Wortbildung: *Ehren-***

Ergänzen Sie die Lücken mit den Begriffen aus Übung 11.

a) Hiermit verleihe ich Ihnen für Ihre herausragenden Verdienste für unsere Universität den Titel des *Ehrendoktors* ____________________. Herzlichen Glückwunsch.

b) Ich freue mich ganz besonders, heute Abend bei unserer Vereinsfeier auch unsere ____________________ *(Plural)* begrüßen zu dürfen.

c) Schön, dass Sie die Zeit gefunden haben, zu unserer Benefizveranstaltung zu kommen. Wir haben für Sie auch einen ____________________ reserviert.

d) Du wolltest doch nicht mehr rauchen! Du hast mir dein ____________________ darauf gegeben.

e) Mama, ich habe heute auf dem Sportfest eine ____________________ bekommen. – Na, da gratuliere ich dir.

f) Guten Abend, meine Damen und Herren, zunächst möchte ich Ihnen die heutigen ____________________ *(Plural)* vorstellen. Da wären Herr Dr. Dr. Schnitter mit Gattin, guten Abend, Herr …

12 **Wo wird *ehrenamtlich* groß- oder kleingeschrieben?**

Schreiben Sie. Achten Sie dabei auch auf die Deklination von *ehrenamtlich*.

a) In den Vereinen arbeiten die meisten Mitglieder *ehrenamtlich* ____________________.

b) Das häufigste Problem der ____________________ ist die fehlende Zeit.

c) Immer mehr junge Leute engagieren sich ____________________.

d) Je älter die Leute, desto eher machen sie eine ____________________ Arbeit.

e) Daniel arbeitet als ____________________ in einem Altenpflegeheim.

Übungen zu Teil C

13 Wortschatz: Feste Verbindungen von Nomen und Verben

Welche Nomen passen zu den Verben? Schreiben Sie.

Auskunft ◆ Ratschläge ◆ an Bedeutung ◆ sich Gedanken ◆ in Anspruch ◆ Einfluss ◆ keine Rolle ◆ zur Verfügung (2x) ◆ einen Antrag ◆ eine Entscheidung ◆ ~~Bescheid~~

a) wissen *Bescheid*
b) stehen ______
c) treffen ______
d) machen (über) ______
e) nehmen (2x) ______
f) geben (2x) ______
g) spielen ______
h) gewinnen ______
i) stellen (2x) ______

14 Wortschatz

Ergänzen Sie mit den Begriffen aus Übung 13.

a) Sag mal, *wissen* deine Eltern *Bescheid*, dass du hier bist? – Ja, ich habe sie vorher angerufen. Das ist in Ordnung.
b) Entschuldigung, könnten Sie mir bitte eine ______ ______? – Ja, bitte. – Was kostet denn der Eintritt für die Kinder?
c) ______ dir doch nicht so viele ______! Das wird schon klappen – Du hast leicht reden. Du musst die Prüfung ja nicht schreiben.
d) Darf ich dir einen ______ ______? Geh ein bisschen spazieren. Das bringt dich auf andere Gedanken. – Das ist eine gute Idee.
e) Das ______ doch überhaupt keine ______, ob du heute oder morgen fertig wirst. Du hast doch noch etwas Zeit. Ruh dich doch etwas aus. – Ja, du hast recht.
f) Bitte beachten Sie, der Raum ______ nur bis 12 Uhr ______ ______ ______. Danach kommt eine andere Gruppe. – Ja, vielen Dank. Wir werden rechtzeitig aufhören.
g) Bis morgen musst du eine ______ ______, sonst ist die Wohnung weg. – Ich weiß ja, ich bin mir nur nicht mehr sicher, ob ich umziehen soll.

15 Wortbildung 1: Die Endung *-schaft*

Bilden Sie Nomen mit der Endung *-schaft*, wenn möglich.

a) Kind –
b) Mann*schaft*
c) Junge______
d) Frau______
e) Kollege______
f) Kamerad______
g) Partnerin______
h) Partner______
i) Allgemein______
j) Gemein______
k) Kenntnis______
l) Wissen______
m) Nachbarin______
n) Nachbar______
o) Sofort______
p) Bereit______
q) Onkel______
r) Tante______
s) Verwandt______

16 **Wortbildung 2: Die Endung *-schaft***

Kombinieren Sie Komposita mit der Endung *-schaft*. Ergänzen Sie auch die Artikel.

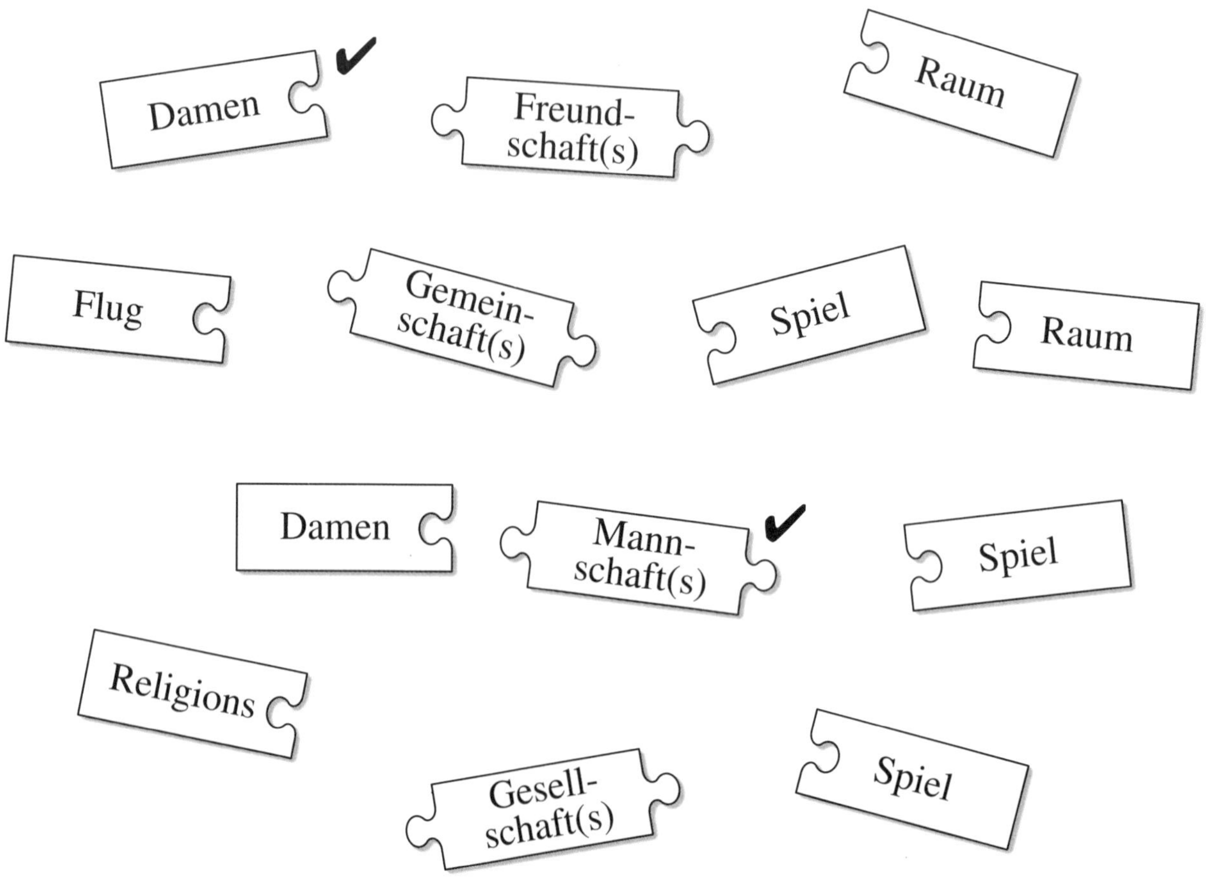

die Damenmannschaft,

Übungen zu Teil E

17 Wortschatz: Rund um den Müll

Schreiben Sie Wörter mit *Müll-/-müll.* Ergänzen Sie auch die Artikel.

~~Atom~~ ◆ ~~Deponie~~ ◆ Verpackung(s) ◆ Eimer ◆ Gebühren ◆ Rest ◆ Gift ◆ Berg ◆ Haus ◆ Tonne ◆ Plastik ◆ Container

die	Müll	*deponie*

	Atom	müll
der		

18 Was wird mit dem Müll gemacht?

Unterstreichen Sie die richtigen Verben.

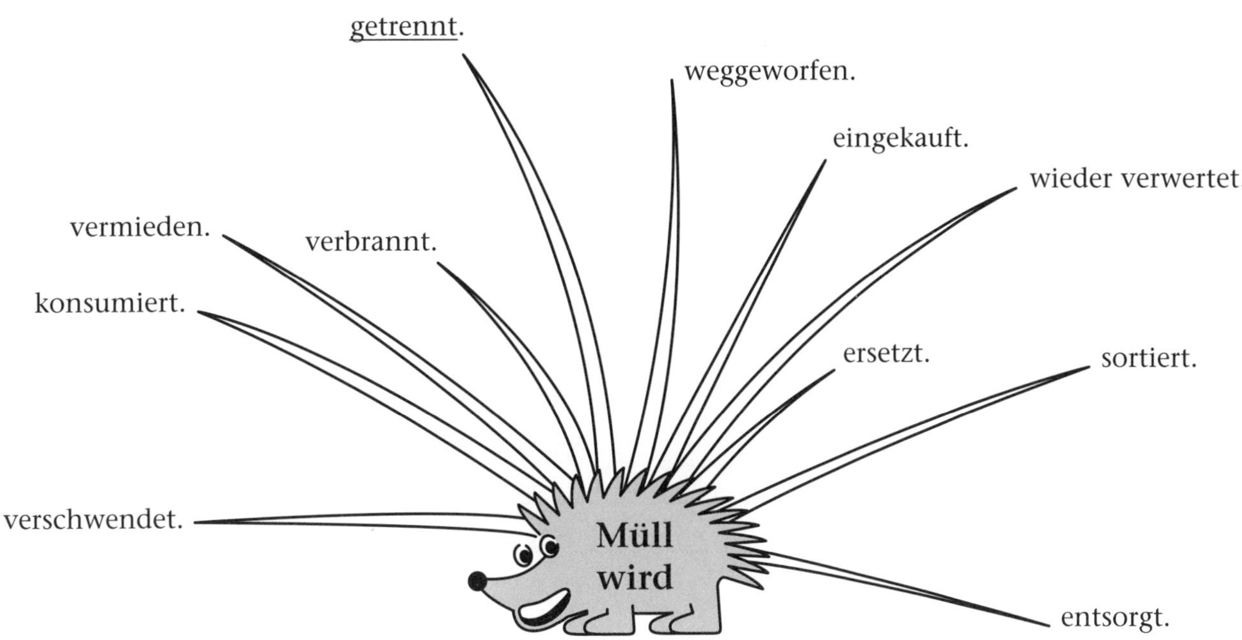

19 Heute ist mein freier Tag!

Schreiben Sie Sätze mit *Statt ... zu* oder *Anstatt ... zu*. Ergänzen Sie die Tabelle.

a) Ich stehe nicht um 7 Uhr auf. Ich bleibe bis 10 Uhr im Bett liegen.
b) Ich frühstücke nicht schnell im Stehen. Ich hole mir frische Brötchen und die Zeitung.
c) Ich ziehe kein Kostüm an. Ich hole meine alte Jeans und einen Pulli aus dem Schrank.
d) Ich setze mich nicht vor den Computer. Ich telefoniere mit einer Freundin.
e) Ich fahre nicht mit dem Auto. Ich gehe zu Fuß in die Stadt.
f) Ich esse nicht in der Kantine. Ich verabrede mich mit meiner Freundin im Café.
g) Ich falle abends nicht müde ins Bett. Ich gehe noch tanzen.
h) Ich gehe am anderen Morgen nicht pünktlich in die Arbeit. Ich rufe an und sage, dass ich später komme.

a) Statt *um 7 Uhr aufzustehen, bleibe ich bis 10 Uhr im Bett liegen* ______.

b) Anstatt ______ zu ______,
______.

c) Statt ______ zu ______,
______.

d) Anstatt ______ zu ______,
______.

e) Statt ______ zu ______,
______.

f) Anstatt ______ zu ______,
______.

g) Statt ______ zu ______,
______.

h) Anstatt ______ zu ______,
______.

20 Du bist heute so anders als sonst!

Schreiben Sie die Sätze mit *statt … zu* oder *anstatt … zu*.

a) Du machst so ein fröhliches Gesicht, anstatt zu jammern ______ (*jammern*).

b) Du bist so freundlich zu den Kollegen, ______ (*sich über sie aufregen*).

c) Du grüßt die Kollegen, ______ (*an ihnen einfach vorbeigehen*).

d) Du singst bei der Arbeit, ______ (*schlecht gelaunt sein*).

e) Du bist mit den Gedanken irgendwo anders, ______ (*sich auf die Arbeit konzentrieren*).

f) Träumst du etwa, ______ (*arbeiten*)?

Bist du etwa verliebt?

21 Was kauft Luise Umweltmuffel ein? Was kauft Frieda Umweltfreundlich stattdessen?

Ordnen Sie zu.

Luise Umweltmuffel

Frieda Umweltfreundlich

1 Limonade in der Dose g	a) Joghurt im Glas
2 Lederspray b	b) Schuhcreme
3 Milch in der Einwegverpackung	c) eine Fliegenklatsche
4 Sahne in der Spraydose	d) frisches Gemüse
5 Joghurt im Plastikbecher	e) Milch in der Pfandflasche
6 Insektenspray	f) Sahne zum Selbstschlagen
7 abgepacktes Gemüse	g) Limonade in der Pfandflasche

22 Frieda Umweltfreundlich im Gespräch mit Luise Umweltmuffel

Bilden Sie Sätze aus der Übung 21 mit der Präposition *statt*.

Frieda Umweltfreundlich:

1 *Ich kaufe die Limonade in der Pfandflasche statt in der Dose.*
2 *Ich kaufe Schuhcreme statt Lederspray.*
3 ______
4 ______
5 ______
6 ______
7 ______

23 Vorwürfe/Aufforderungen

Schreiben Sie Nebensätze mit den angegebenen Konjunktionen.

a) Geschirr spülen – faul auf dem Sofa liegen – anstatt
Du könntest das Geschirr spülen, anstatt faul auf dem Sofa zu liegen.

b) Fenster zumachen – nicht umsonst heizen (wir) – damit
Ihr könntet ______
______.

c) Fahrrad nehmen – Auto brauchen (ich) – denn
Du könntest ______
______.

d) frühzeitig Fahrkarten kaufen – einen Fensterplatz bekommen – um … zu
Du könntest ______
______.

e) früher ins Bett gehen – morgen früh losfahren (wir) – sodass
Ihr könntet ______
______.

f) Mülleimer leeren – so furchtbar stinken (er) – weil
Du könntest ______
______.

g) sich selber beschäftigen – mir auf die Nerven gehen – anstatt
Du könntest ______
______.

Medienwelten

Übungen zu Teil A

1 Wortschatz: Medien

Welches Medium passt nicht? Streichen Sie durch.

a) Zeitschrift – Brief – ~~Film~~ – Zeitung

b) Film – Radio – Fernsehen – Computer

c) Buch – Internet – Telefon – Handy

d) Zeitschrift – Buch – Handy – Zeitung

Man liest es: *die Zeitschrift* ______

Man hört und/oder sieht es: *der Film* ______

elektronische Medien: *der Film* ______

Printmedien: *die Zeitschrift* ______

Unterhaltung/Information: *die Zeitschrift* ______

Kommunikation: *das Internet* ______

2 Wortschatz 1: Fernsehen

Ergänzen Sie die Artikel und, wenn nötig, die Begriffe aus dem Kasten.

-sendung ◆ -film

a) Komödie *–, die* ______

b) Quiz*sendung, die* ______

c) Talkshow ______

d) Wetterbericht ______

e) Sport ______

f) Krimi ______

g) Familienserie ______

h) Spiel ______

i) Nachrichten ______

j) Zeichentrick ______

k) Western ______

l) Psychothriller ______

3 Berufe im Fernsehen

Ergänzen Sie die Berufe.

a) Die *Schauspielerin* ______ kenne ich doch. Die hat im letzten Film von Wim Wenders auch die Hauptrolle gespielt.

b) Diesen ______ finde ich so unsympathisch. Der lässt die Leute gar nicht ausreden und stellt so komische Fragen.

c) Der Film interessiert mich, denn ich habe von derselben ______ schon einmal einen Film gesehen.

d) Weißt du eigentlich, ob die ______ eine spezielle Ausbildung machen müssen? Die machen ja überhaupt keine Fehler beim Sprechen der Nachrichten.

e) Als ______ braucht man sehr viel Geduld. – Meinst du? – Klar, bis eine Szene gedreht ist, braucht man sicher sehr viele Kameraeinstellungen.

4 Wortschatz 2: Fernsehen

Welches Verb passt? Markieren Sie.

a) eine Rolle — spielen – moderieren

b) über aktuelle Ereignisse — berichten – ansagen

c) einen Film — drehen – sprechen

d) Interviews — führen – spielen

5 Wortbildung 1: Rund ums Fernsehen

Schreiben Sie die Wörter richtig. Schreiben Sie auch die Artikel.

Fernseh(en)

a) RFAB
Farbfernsehen, das

b) NDSEUNG
____

c) DESENR
____

d) PRATIV
____

e) PGRAROMM
____

6 Wortbildung 2: Rund ums Fernsehen

Ergänzen Sie mit den Begriffen aus Übung 5.

a) Was kommt denn heute Abend im Fernsehen? – Keine Ahnung, ich habe noch nicht im *Fernsehprogramm* nachgesehen.

b) Hast du gestern Abend die __________ über Russland gesehen? – Nein, schade! Wann kam die denn?

c) Sag mal, weißt du auf welchem __________ das Fußballspiel heute Abend übertragen wird? – Im ZDF.

d) Seit es __________ gibt, kann ich mich überhaupt nicht mehr entscheiden, was ich anschauen soll. – Da hast du recht. Mir ist die Auswahl auch zu groß.

e) Seit wann gibt es eigentlich das __________? – Ich denke, seit Ende der 60er-Jahre.

7 Konjugation 1: Passiv im Präteritum, Perfekt, Plusquamperfekt und Futur I

Ergänzen Sie die Passivformen.

Präsens	Ich *werde* für die Hauptrolle *ausgewählt*.
Präteritum	Ich ______ für die Hauptrolle ______.
Perfekt	Ich ______ für die Hauptrolle ______.
Plusquamperfekt	Ich ______ für die Hauptrolle ______.
Futur I	Ich ______ für die Hauptrolle ______.

Präsens	Du *wirst* für die Hauptrolle *ausgewählt*.
Präteritum	Du ______ für die Hauptrolle ______.
Perfekt	Du ______ für die Hauptrolle ______.
Plusquamperfekt	Du ______ für die Hauptrolle ______.
Futur I	Du ______ für die Hauptrolle ______.

Präsens	Sie *wird* für die Hauptrolle *ausgewählt*.
Präteritum	Sie ______ für die Hauptrolle ______.
Perfekt	Sie ______ für die Hauptrolle ______.
Plusquamperfekt	Sie ______ für die Hauptrolle ______.
Futur I	Sie ______ für die Hauptrolle ______.

Präsens	Wir *werden* für die Hauptrolle *ausgewählt*.
Präteritum	Wir ______ für die Hauptrolle ______.
Perfekt	Wir ______ für die Hauptrolle ______.
Plusquamperfekt	Wir ______ für die Hauptrolle ______.
Futur I	Wir ______ für die Hauptrolle ______.

Präsens	Ihr *werdet* für die Hauptrolle *ausgewählt*.
Präteritum	Ihr ______ für die Hauptrolle ______.
Perfekt	Ihr ______ für die Hauptrolle ______.
Plusquamperfekt	Ihr ______ für die Hauptrolle ______.
Futur I	Ihr ______ für die Hauptrolle ______.

Präsens	Sie *werden* für die Hauptrolle *ausgewählt*.
Präteritum	Sie ______ für die Hauptrolle ______.
Perfekt	Sie ______ für die Hauptrolle ______.
Plusquamperfekt	Sie ______ für die Hauptrolle ______.
Futur I	Sie ______ für die Hauptrolle ______.

8 Konjugation 2: Passiv im Präteritum, Perfekt, Plusquamperfekt und Futur I

Ergänzen Sie in der richtigen Zeitform.

a) Der zweite Teil des Films wird ____________ nächsten Samstag ausgestrahlt ____________ *(Präsens: ausstrahlen)*

b) Die Schauspieler ____________ nach der Premiere ____________ *(Präteritum: interviewen)*

c) Der Regisseur ____________ für seinen Film sehr ____________ ____________ *(Plusquamperfekt: kritisieren)*

d) Der Film ____________ für Kinder unter 6 Jahren ____________ ____________ *(Perfekt: verbieten)*

e) Der Hauptdarstellerin ____________ für ihre Leistung sicher der Oscar ____________ ____________ *(Futur I: verleihen)*

9 Konjugation 3: Passiv im Präteritum, Perfekt, Plusquamperfekt und Futur I

Formen Sie die Sätze um.

a) Es *wird empfohlen*, Kindern nur eine Stunde pro Tag das Fernsehen zu erlauben. *(Perfekt)*

Es ist empfohlen worden, Kindern nur eine Stunde pro Tag das Fernsehen zu erlauben.

b) Das Programm für die Kinder *wird* sorgfältig *ausgewählt*. *(Plusquamperfekt)*

____

c) Es *wird diskutiert*, manche Sendungen nachmittags zu verbieten. *(Perfekt)*

____

d) Für Kinder *werden* viele Sendungen *angeboten*, die nicht für sie geeignet sind. *(Präteritum)*

____

e) Fast alle Haushalte *werden* in den 90er-Jahren *verkabelt*. *(Perfekt)*

____

f) Das große Angebot an Programmen *wird* von vielen *genutzt*. *(Futur* I)

____

g) Die Eltern *werden* nicht über sinnvolle Sendungen für Kinder *informiert*. *(Präteritum)*

____

10 Handlung und Zustand

Bilden Sie Sätze mit *sein* und *werden* und dem Partizip Perfekt.

Handlung **Zustand**

a) Die Zeitschriften werden verkauft. Die Zeitschriften sind verkauft.
(Zeitschriften – verkaufen)

b) ______________________________
(Bücher – schreiben)

c) ______________________________
(Film – auszeichnen)

d) ______________________________
(Kinderbücher – beschädigen)

e) ______________________________
(DVD – ausleihen)

f) ______________________________
(Sendung – aufnehmen)

Zustand

g) Die Kinder sind frustriert.
(die frustrierten Kinder)

h) ______________________________
(die interessierten Zuschauer)

i) ______________________________
(die gestressten Eltern)

j) ______________________________
(die motivierten Schauspieler)

k) ______________________________
(die gelangweilten Gäste)

Handlung

l) Die Themen werden diskutiert.
(die Themen – diskutieren)

m) ______________________________
(die Gäste – empfangen)

n) ______________________________
(die Sendung – empfehlen)

o) ______________________________
(das Angebot – nutzen)

p) ______________________________
(die Nachrichten – senden)

q) ______________________________
(verschiedene Programme – anbieten)

11 beim + Verb als Nomen

Ersetzen Sie *und* + *kursives* Verb bzw. den *wenn-Satz*.

a) Ich singe *und dusche*.
Beim Duschen singe ich.

b) Ich rede, *wenn ich schlafe*.
____
____

c) Ich lese Zeitung *und frühstücke*.
____
____

d) Ich muss oft weinen, *wenn ich lache*.
____

e) Ich höre gern Musik *und lese*.
____

f) Manchmal telefoniere ich *und fahre Skateboard*.
____

g) Meine Hand tut mir weh, *wenn ich schreibe*.
____

Übungen zu Teil B

12 Wortschatz: Buch

Ergänzen Sie die Begriffe. Schreiben Sie auch die Artikel.

~~Buchumschlag~~ ◆ Titel ◆ Autorin ◆ Verlag

a) *Buchumschlag*

b) ________________

c) ________________

d) ________________

13 Wortschatz 1: Zeitungen und Zeitschriften

Ersetzen Sie die kursiven Ausdrücke durch die passenden Begriffe im Kasten.

regelmäßig ◆ alle zwei Wochen ◆ wöchentlich ◆ monatlich ◆ ~~täglich~~

a) Die Tageszeitung erscheint *jeden* Tag.
täglich

b) Die Wochenzeitung erscheint *einmal pro Woche.*
____

c) Die Nachrichtenmagazin erscheint *einmal pro Monat.* ______________________

d) Die Zeitschrift erscheint *zweimal pro Monat.* ______________________

e) Die Zeitschrift erscheint *jeden Donnerstag:* ______________________ am Donnerstag.

14 Wortschatz 2: Zeitungen und Zeitschriften

Ergänzen Sie die Begriffe aus dem Kasten.

Nachricht ◆ Artikel ◆ ~~Rubrik~~ ◆ Anzeige

a) Die Zeitung ist in mehrere Rubriken (*Plural*) aufgeteilt, z. B. Politik, Feuilleton.

b) Den geschriebenen Text in der Zeitung nennt man ______________________.

c) Die Informationen über ein aktuelles Ereignis nennt man ______________________ (*Plural*).

d) In einer Zeitung oder Zeitschrift gibt es auch viele ______________________ (*Plural*).

15 Was lesen oder hören Sie gern? Was schauen Sie sich am liebsten an?

Ergänzen Sie die Verben im Partizip Präsens. Achten Sie auf die Endungen.

a) Einen packenden Krimi im Fernsehen.
(*packen*)

b) Einen ______________________ Bericht im Spiegel.
(*spannen*)

c) Einen Roman von einem international ______________________ Schriftsteller. (*bedeuten*)

d) Einen Bildband mit ______________________ Fotos.
(*faszinieren*)

e) Eine ______________________ Erzählung als Hörbuch.
(*anregen*)

f) Eine Fachzeitschrift, die nicht zu ______________________ ist. (*anstrengen*)

16 Unterschiedliche Meinungen

Ergänzen Sie die Verben im Partizip Präsens. Achten Sie auf die Endungen.

schockierend ◆ spannend ◆ anstrengend ◆ faszinierend

1

Mann: Sag mal, gibt's heute Abend nichts *spannendes* ____________ im Fernsehen?

Frau: Also, ich finde das sehr ____________. Was kann ich denn dafür, dass du dich nicht für Fußball interessierst?

2

Frau: Ist das nicht ein ____________ Mensch?

Mann: Was ist denn an dem so ____________? Ich finde ihn eher langweilig.

3

Mann: Also, das war eine recht ____________ Lektüre.

Frau: ____________? Wirklich. Ich habe das Buch in zwei Tagen verschlungen.

4

Frau: Ich fand den Film ziemlich ____________.

Mann: Das stimmt, das war eine sehr ____________ Geschichte, aber ziemlich realistisch, finde ich.

17 Bestseller

Ergänzen Sie das Partizip Perfekt als Adjektiv.

Welches sind die Bücher,	Welches sind
a) die im letzten Jahr am meisten gekauft worden sind?	die am meisten *gekauften* ____________ Bücher des letzten Jahres?
b) die im letzten Jahr am meisten gelesen worden sind?	die am meisten ____________ Bücher des letzten Jahres?
c) die im letzten Jahr am meisten kritisiert worden sind?	die am meisten ____________ Bücher des letzten Jahres?
d) die im letzten Jahr am meisten besprochen worden sind?	die am meisten ____________ Bücher des letzten Jahres?
e) die im letzten Jahr am meisten ausgeliehen worden sind?	die am meisten ____________ Bücher des letzten Jahres?

18 Kritiker

Ergänzen Sie das Partizip Präsens oder das Partizip Perfekt.

a) Ich finde, das war ein sehr *enttäuschender* ____________ Film – und das von einem solch ____________ Regisseur. *(Film, der sehr enttäuscht hat – Regisseur, der sehr bedeutend ist)*

b) Also, da bin ich ganz anderer Meinung. Das war doch eine sorgfältig ____________ Story mit sehr gut ____________ Schauspielern. *(eine Story, die sorgfältig recherchiert wurde – Schauspieler, die sehr gut ausgewählt wurden)*

c) Na ja, die Schauspieler waren vielleicht ganz gut. Gestört hat mich aber auch das ______________ Ende des Films. Das war doch nicht logisch. *(das Ende, das sehr überrascht hat)*

d) Du bist aber kritisch. Für mich war es ein total ______________ Film. Übrigens: auch ein von den Kritikern hoch ______________ Film. *(ein Film, der sehr spannend ist und sehr gelobt wurde)*

e) Also, die Nachrichten werden immer schlimmer: immer mehr ______________ Bilder, zunehmend schlecht ______________ Themen und dann auch noch ______________ Sprecher. *(Bilder, die schockieren – Themen, die schlecht ausgewählt sind – Sprecher, die sich langweilen)*

f) Na ja, das ist auch schwierig! Ich denke, sehr ______________ Leute lesen auch eher Zeitung mit gut ______________ Artikeln. *(Leute, die gut informiert sind – Artikel, die gut geschrieben sind)*

Übungen zu Teil C

19 Wortschatz 1: Computer

Schreiben Sie das Gegenteil.

ausschalten ◆ empfangen ◆ schließen ◆ ~~löschen~~ ◆ herausnehmen

a) die Daten speichern *löschen*

b) das Programm öffnen ______________

c) den Computer einschalten ______________

d) eine Diskette einlegen ______________

e) eine E-Mail verschicken ______________

20 Wortschatz 2: Computer

Ergänzen Sie die Begriffe. Ergänzen Sie auch die Artikel.

~~Tastatur~~ ◆ Maus ◆ Monitor/Bildschirm ◆ Modem ◆ Laufwerk ◆ Festplatte

a) Damit schreibt man. *die Tastatur*

b) Hier legt man die Diskette oder die CD-ROM ein. ______________

c) Hier werden die Daten im Computer gespeichert. ______________

d) Darauf sieht man, was man schreibt. ______________

e) Das ist die Verbindung zum Internet. ______________

f) Damit arbeitet normalerweise nur die rechte Hand. ______________

21 Internet

Was kann man im Internet tun? Unterstreichen Sie die passenden Verben.

<u>chatten</u> ◆ zappen ◆ formatieren ◆ surfen ◆ eine E-Mail verschicken ◆ installieren ◆ suchen

22 *seit, bis, bevor*

Fügen Sie die Sätze sinnvoll zusammen.

1 Seit ich einen Internet-Anschluss habe,	a) bin ich ins Internet-Café gegangen, um zu surfen.
2 Bevor ich einen Internet-Anschluss hatte,	
3 Bis ich einen Internet-Anschluss hatte,	b) gehe ich nicht mehr ins Internet-Café, um zu surfen.

23 Kommunikation

Ergänzen Sie die richtige Konjunktion *während* oder *bevor*.

a) Svenja, könntest du bitte noch einkaufen, bevor __________ du stundenlang mit Tina telefonierst? – Na ja, wenn's sein muss.

b) Lukas, könntest du bitte meine E-Mails noch abrufen, __________ du im Internet surfst? – Ich surfe nicht, ich chatte gerade, d. h. es ist sehr ungünstig.

c) Stell bitte dein Handy aus, __________ wir ins Restaurant gehen! – Oh, das hätte ich fast vergessen.

d) Musst du eine SMS schreiben, __________ wir uns unterhalten? – Ich hör ja schon auf, wenn es dich stört.

e) Wie kannst du nur lesen, __________ du Musik hörst. Das lenkt doch total ab. – Mich nicht. Ich finde das eher beruhigend.

f) Und, hast du Jochen schon erreicht? – Ich habe versucht, ihn auf dem Festnetz-Telefon anzurufen __________ wir gegangen sind. Vielleicht versuche ich mal, ihn auf dem Handy zu erreichen.

g) Weißt du schon, David hat jetzt eine Webcam. Da kann ich ihn sehen, __________ ich mit ihm chatte. Finde ich total super! – Also, ich möchte nicht, dass mich der andere beim Chatten sieht!

24 Gabriel, der Computerfan

Wiederholung: Ergänzen Sie *als* oder *wenn*.

a) Wenn __________ Gabriel abends den Computer einschaltet, macht er bis spät in die Nacht Computerspiele.

b) __________ der Computer einmal kaputt war, ging er früh schlafen.

c) __________ man ihn besuchte, saß er jedes Mal an seinem Computer.

d) __________ er sich mit seinen Freunden trifft, reden sie nur über Computer.

e) __________ er sich einen neuen Computer kaufen wollte, ließ er sich von seinen Freunden beraten.

f) Jedes Mal __________ er in ein Computergeschäft ging, konnte er sich nicht entscheiden, welchen Computer er nun kaufen sollte.

g) Aber __________ er Marion kennenlernte, verkaufte er seinen neuen Computer wieder.

25 Wiederholung *nachdem:* Computer-Schicksale

Markieren Sie die richtige Zeitform im Nebensatz mit *nachdem.*

a) Nachdem Laura zwei Stunden versucht *hatte/hat* den Computer zu reparieren, gab sie verzweifelt auf.

b) In Stefans Mailbox waren über 1000 E-Mails, nachdem er zwei Wochen Urlaub gehabt *hatte/hat.*

c) Max ist vor dem Computer eingeschlafen, nachdem er vier Stunden im Internet gesurft *hat/hatte.*

d) Katja erlitt einen Nervenzusammenbruch, nachdem sie alle Daten auf ihrem Computer aus Versehen gelöscht *hat/hatte.*

e) Der Computer von Silke stürzt jedes Mal ab, nachdem er eine Stunde gelaufen *ist/läuft.*

26 Chat

Ergänzen Sie die Präposition *seit, bis, während* oder *vor.*

a) Seit __________ einem Monat chatte ich bereits mit Tobias.

b) __________ dieser Zeit haben wir uns sehr gut kennengelernt.

c) __________ dieser Zeit habe ich mit vielen anderen Jungs gechattet. Aber mit Tobias ist das etwas ganz anderes.

d) Ich kann __________ zu drei Stunden mit ihm chatten, ohne dass mir langweilig wird.

e) __________ zwei Tagen hat er mich gefragt, ob wir uns nicht einmal treffen können.

f) __________ diesem Zeitpunkt kann ich nicht mehr klar denken: Soll ich mich nun mit ihm treffen oder nicht?

g) __________ des letzten Chats ist mir nun klar geworden: Ich kann mich nicht mit ihm treffen und ich kann auch nicht mehr mit ihm chatten. Es ist vorbei!

27 *während:* parallele Handlung oder Gegensatz?

Markieren Sie.

	Parallele Handlung	Gegensatz
a) Julian surft im Internet, während Martina auf ihn wartet.	X	
b) Jürgen surft am liebsten im Internet, während Barbara lieber chattet.		
c) Lukas sieht gern Western, während seine Freundin lieber Krimis anschaut.		
d) Bettina zappt den ganzen Abend durch die Programme, während ihr Freund liest.		
e) Christina möchte beim Frühstück die Zeitung lesen, während Daniel lieber Radio hört.		

28 Wortschatz 1: Wörter aus dem Englischen

Ordnen Sie die Verben zu.

mailen ◆ ~~surfen~~ ◆ zappen ◆ ~~chatten~~ ◆ faxen ◆ checken

a) im Internet *surfen, chatten* ______

b) durch die Programme ______

c) die E-Mails ______

d) eine Antwort ______

29 Dialoge

Ergänzen Sie die Dialoge.

Cursor ◆ Internet ◆ ~~Homepage~~ ◆ E-Mails ◆ Internet ◆ Talkshows ◆ Mailbox

a) Du, ich habe eine neue *Homepage* ______! – Echt? Super. Gib mir doch mal die ______ - Adresse. Die schau ich mir mal an.

b) Hast du meine Nachricht nicht bekommen? Ich habe dir auf deine ______ gesprochen! – Oh, die habe ich noch gar nicht abgehört. Was war es denn?

c) Hast du deine ______ schon abgerufen? – Nein, das muss ich unbedingt noch machen.

d) Was mich diese blöden ______ nerven, mittlerweile gibt es sie überall, auch bei den öffentlichen Sendern. Was die immer rumquatschen. – Ach, manchmal finde ich die Gäste und Gespräche ganz interessant.

e) Also, irgendetwas stimmt nicht mit deinem ______. Der hüpft wie wild auf dem Bildschirm rum. – Ja, das ist mir auch schon aufgefallen.

30 Wortschatz 2: Wörter aus dem Englischen

Schreiben Sie die Verben aus Übung 29 im Partizip Perfekt.

a) Wie lange hast du denn heute im Internet *gesurft* ______ / ______?

b) Und kam etwas Schönes im Fernsehen?
– Nein, überhaupt nichts, ich habe nur ein bisschen ______.

c) Hast du deine E-Mails schon ______?
– Nein, das mache ich aber gleich.

d) Wann bekomme ich denn eine Antwort von dir?
– Ich habe sie dir heute Morgen ______ / ______.

Lösungsschlüssel

Lektion 1

1 **a** niveauvoll, energisch, erfolgreich, dunkelhaarig, leidenschaftlich **b** fantasievoll, häuslich, zuverlässig **c** anspruchsvoll, natürlich, humorvoll, sportlich **d** Romantische, lebenslustig, ehrlich, zärtlich, gefühlvoll **e** langweiligen, optimistisch
2 **a** Natürlichkeit **b** Offenheit **c** Leidenschaftlichkeit **d** Sportlichkeit **e** Zuverlässigkeit **f** Ehrlichkeit **g** Attraktivität **h** Aktivität **i** Seriosität **j** Sensibilität
3 **a** euch **b** sich **c** uns **d** sich **e** mich **f** dich **g** sich
4 **a** mich **b** mich **c** uns **d** sich **e** dich **f** mich **g** sich, dich, mich **h** euch **i** dich **j** euch **k** euch **l** dich
5 **a** sie **b** dich, sich **c** mich **d** dich, sich **e** sie **f** dich, dich, mich, ihn
6 **a** kümmern sich **b** trennen sich **c** entschuldigen sich / sich … versöhnen **d** sich … verändern / gewöhnen sich **e** amüsieren sich **f** erholen sich
7 **a** um / bei / auf (Kontaktanzeige c) **b** über / für / über (Kontaktanzeige e) **c** Von (Kontaktanzeige a)
8 **a** Gesprächspartner **b** Partnerschaft **c** Partnerwahl **d** Lebenspartner **e** Traumpartner
9 1a 2c 3c 4b 5a 6b 7c
10 **a** Sie hat sich mit 16 Jahren in ihn verliebt. **b** Sie hat sich vor zehn Jahren mit ihrem Jugendfreund verlobt. **c** Die Verlobung war vor zehn Jahren. **d** Sie ist seit zehn Jahren mit ihrem Jugendfreund verlobt. **e** Sie hat ihn vor einem Jahr geheiratet. **f** Die Hochzeit mit ihm war vor einem Jahr. **g** Sie ist seit einem Jahr mit ihm verheiratet. **h** Sie hat sich dann nach ein paar Monaten von ihm getrennt. **i** Die Trennung war vor ein paar Monaten. **j** Sie ist seit ein paar Monaten von ihm getrennt. **k** Sie hat sich gestern von ihm scheiden lassen. **l** Die Scheidung war gestern. **m** Sie ist seit gestern von ihm geschieden.
11 1b+c, euch 2a+e, sich 3c+d, sich 4a+e, uns 5c+d, dich 6b+c, mich
12 **a** Freust … auf **b** entschuldige … bei **c** über … freuen **d** für … bei … entschuldigt **e** bei … für … bedankt **f** freue … mich
13 **a** haben **b** helfen **c** sprechen **d** sagen **e** aufgeben **f** fragen **g** bekommen **h** ausleihen
14 **a** der **b** die **c** das **d** der **e** die **f** die **g** die **h** das
15 **a** den **b** der **c** der **d** den **e** den **f** den **g** der **h** der
16 **a** dem **b** der **c** denen **d** dem
17 **a** dem **b** der **c** den **d** dem **e** den **f** dem **g** dem
18 **a** der **b** der **c** die **d** die **e** der **f** die **g** die
19 **a** den **b** die **c** die **d** dem **e** der **f** denen
20 1. **a** mit der **b** für die **c** von der **d** auf die **e** an die 2. **a** über den **b** mit dem **c** in den **d** von dem **e** an den
21 **a** was **b** wo **c** was **d** was **e** was **f** wo
22 **a** dem **b** das **c** der **d** den **e** den **f** das **g** dem **h** die **i** dem **j** dem **k** was **l** wo
23 **a** Kollegin **b** Verwandten **c** Nachbarn **d** Bekannte **e** Freund
24 1b 2f 3e 4d 5a 6c
25 **a** Geburtstag **b** Gäste / Party / Gastgeber **c** Einladung / Geschenk **d** Jubiläum **e** Examen
26 **a** uns **b** dir **c** sich **d** sich **e** mir **f** sich **g** euch
27 **a** dich **b** dir **c** dir **d** dir **e** dich **f** dir **g** dich **h** dir **i** dich **j** dich **k** dich **l** dir **m** dich **n** dich **o** dir **p** dich **q** dich **r** dir **s** dich **t** dich **u** dir **v** dir **w** dir
28 **a** fühle mich … wohl **b** mich … gefreut / Melde dich **c** mich … bedanken / dich … amüsiert / sich … treffen **d** mich … entschuldigen
29 **a** Sie lässt sich trotz seiner Großzügigkeit von ihm scheiden. **b** Sie lässt sich wegen seiner Launen von ihm scheiden. **c** Sie liebt ihn wegen seines Humors seit zwanzig Jahren. **d** Sie liebt ihn trotz seiner Launen seit zwanzig Jahren. **e** Sie liebt ihn wegen seiner Großzügigkeit seit zwanzig Jahren. **f** Sie lässt sich trotz seines Humors von ihm scheiden. **g** Sie liebt ihn trotz seiner vielen anderen Freundinnen seit zwanzig Jahren. **h** Sie lässt sich wegen seiner vielen anderen Freundinnen von ihm scheiden.

Lektion 2

1 **a** etwas Gymnastik … machen **b** die Zeitung … holen **c** genügend Zeit zum Frühstücken … haben **d** die Zeitung noch in Ruhe lesen … können **e** noch die Unterlagen fürs Büro vorzubereiten **f** pünktlich im Büro … erscheinen **g** nicht … verschlafen **h** rechtzeitig am nächsten Morgen aufzustehen
2 **a** Sie sollten täglich an die frische Luft gehen, um nicht krank zu werden. **b** Sie sollten morgens Gymnastik machen, um fit zu bleiben. **c** Sie sollten die Brille immer aufsetzen, um besser lesen zu können. **d** Sie sollten früher aufstehen, um rechtzeitig in der Arbeit anzukommen. **e** Sie sollten regelmäßig das Horoskop lesen, um zu wissen, was auf Sie zukommt. **f** Sie sollten täglich drei Wünsche an eine gute Fee senden, um glücklich zu werden. **g** Sie sollten immer einen Schutzengel dabeihaben, um keinen Unfall zu verursachen.
3 **1** … um Blumen für meine Kollegin im Büro zu besorgen **2** … um deine Haustür abzuschließen **3** … um nachzuschauen
4 **a** werde … vorbeischauen **b** sein wirst **c** wird sich … ärgern **d** werden … ändern können **e** werdet … finden **f** werden … haben **g** werden feststellen
5 1d 2c 3a 4f 5e 6b
6 **a** Ein Hoch über Frankreich wird morgen sommerliche Temperaturen nach Deutschland bringen.

3 **b** Sie werden Ihren Partner verlassen. Sie werden den Mann Ihres Lebens kennenlernen. Sie werden ihn heiraten. 1 **c** Wählen Sie unsere Partei und Deutschland wird wieder ein kinderfreundliches Land werden. 6 **d** In der nächsten Woche werden einige Überraschungen auf Sie zukommen.
2 **e** Die beiden großen Parteien CDU/CSU und SPD werden gleich stark sein. Die Grünen werden nicht mehr auf ihr Ergebnis der letzten Wahlen kommen. Die FDP wird knapp über der 5 %-Hürde liegen. 4 **f** Es wird dann mehr als 8 Milliarden Menschen auf der Erde geben. 5

7 **a** Relativitätstheorie **b** Kernspaltung **c** Automobil **d** Buchdruck **e** Elektrisches Licht **f** Dampfmaschine **g** Antibiotikum **h** Computer **i** Dynamit **j** Telefon

8 1g 2b 3c 4d 5h 6f 7i 8e 9a 10j

9 **a** Kopfschmerzen, die **b** Grippe –, die **c** Rückenschmerzen, die **d** Fieber –, das **e** Halsschmerzen, die **f** Husten –, der **g** Erkältung –, die **h** Bauchschmerzen, die **i** Allergie –, die **j** Schnupfen –, der **k** Zahnschmerzen, die

10 **a** starke Kopfschmerzen, Migräne **b** starke Rückenschmerzen, Hexenschuss **c** starker Husten, Asthma **d** Allergie, Heuschnupfen

11 **a** Wenn ich Halsschmerzen habe. **b** Wenn ich einen Sonnenbrand habe. **c** Wenn mich eine Biene gestochen hat. **d** Wenn ich Durchfall habe. **e** Wenn ich einen Kater habe. **f** Wenn ich eine Beule habe. **g** Wenn ich mich in den Finger geschnitten habe. **h** Wenn ich Schluckauf habe. **i** Wenn ich hohes Fieber habe. **j** Wenn ich mich verbrannt habe. **k** Wenn ich Muskelkater habe. **l** Wenn ich Schnupfen habe.

12 **a** Wenn **b** Wann **c** wenn **d** Wenn **e** wann **f** wenn, wenn **g** wenn **h** wann, wenn

13 **a** werde … behandelt **b** Wirst … untersucht **c** wird … geröntgt **d** ernst genommen werden **e** werdet … abgeholt **f** benachrichtigt werden

14 **a** Er wird genau untersucht. **b** Der Blutdruck wird kontrolliert. **c** Blut wird abgenommen. **d** Der Puls wird gemessen. **e** Der Kopf wird geröntgt.

15 **a** wird … geschrieben / unterschrieben **b** wird … mitgeteilt / werden …angerufen **c** werden … eingenommen **d** werden … gerufen **e** bezahlt werden **f** untersucht werden

16 **a** Das Wartezimmer muss noch aufgeräumt werden. **b** Der Computer muss ausgemacht werden. **c** Die Schubladen müssen abgeschlossen werden. **d** Die Geräte müssen abgeschaltet werden. **e** Die Fenster müssen geschlossen werden.

17 **a** … das Wartezimmer noch aufgeräumt werden muss. **b** … der Computer ausgemacht werden muss. **c** … die Schubladen abgeschlossen werden müssen. **d** … die Geräte abgeschaltet werden müssen. **e** … die Fenster geschlossen werden müssen.

18 **a** Die Bachblüten werden von Experten sorgfältig ausgewählt. **b** Bei schweren Krankheiten sollte vorher ein Arzt befragt werden. **c** Er kann Ihnen sagen, ob die Bachblüten eingenommen werden dürfen. **d** Die Bachblüten werden auch in Form von Globuli verkauft. **e** Jeder Bachblüte werden bestimmte Gefühle zugeschrieben. **f** Die richtige Bachblüte für Ihre Person muss sorgfältig ausgewählt werden. **g** Sie können eingenommen werden, wenn für Sie keine passende Bachblüte gefunden werden kann. **h** Die Notfalltropfen werden aus verschiedenen Blüten zusammengestellt. **i** Sie sollten überallhin mitgenommen werden. **j** Achtung: Der Arztbesuch wird dadurch nicht ersetzt. **k** Bei vielen kleinen Krankheiten und Ängsten können die Notfalltropfen angewandt werden.

19 **a** zum Einsatz kommen **b** Platz nehmen **c** eine Lösung finden **d** Erfolg bringen **e** die Hoffnung aufgeben **f** in Mode kommen **g** eine Frage stellen **h** Abschied nehmen **i** zu Ende bringen **j** zur Ruhe kommen **k** sich einer Therapie unterziehen **l** keine Besserung bringen

20 1d an 2e an 3a über 4f über 5b zu 6c um

21 **a** diesem / eine **b** der **c** den **d** Ihrem **e** den **f** die / die

22 **a** an, an, bei **b** auf, um **c** an **d** auf **e** auf **f** mit, von **g** mit, über

Lektion 3

1 **a** … ohne die Sprache zu lernen **b** … ohne sich um eine Unterkunft zu kümmern **c** … ohne eine Arbeit zu haben **d** … ohne dort jemanden zu kennen **e** … um die Sprache zu lernen **f** … um eine Wohnung zu finden **g** … um eine Arbeit zu haben **h** … um dort jemanden zu kennen

2 **a** um **b** ohne **c** ohne **d** ohne **e** um **f** um **g** um / ohne **h** ohne **i** ohne **j** ohne

3 **a** um ihre Fremdsprachenkenntnisse zu verbessern. **b** um Fremdsprachen zu studieren. **c** um Dolmetscher oder Lehrer zu werden. **d** um ihren Kindern die Möglichkeit zu geben, ein oder zwei Sprachen zu lernen. **e** um eine Weltreise zu machen. **f** um ihre Chancen im Beruf zu verbessern. **g** um für einige Zeit ganz anders zu leben und zu arbeiten. **h** um fremde Kulturen kennenzulernen. **i** um ganz neue Erfahrungen machen zu können. **j** um Abenteuer zu erleben.

4 **a** seinen eigenen Horizont erweitern **b** neue Erfahrungen sammeln **c** sein Selbstbewusstsein stärken **d** Geborgenheit und Sicherheit suchen / erfahren **e** fremde Sprachen und Kulturen kennenlernen **f** seine eigenen Grenzen erfahren / suchen **g** eine Sprache lernen

5 **a** die Familie – die Freunde – die Verwandten **b** die Einsamkeit – das Alleinsein **c** das Abenteuer – das Risiko – die Herausforderung **d** das Neue – das Fremde – das Ungewohnte **e** die Heirat – die Freundschaft – die Partnerschaft

6 **a** in **b** für **c** an **d** zur **e** auf **f** aus **g** im **h** mit **i** vor

7 **a** … um zu erfahren, wie es meinen Eltern geht. **b** … damit meine Eltern sich keine Sorgen machen.

c ... um mit meinen Freunden reden zu können. d ... damit meine Freunde mich nicht vergessen. e ... um keine Briefe schreiben zu müssen. f ... damit die Leute zu Hause an mich denken. g ... damit mein Heimweh nicht noch schlimmer wird. **h** ... um mich nicht in den nächsten Zug zu setzen und nach Hause zu fahren.

8 **a** damit er studiert. **b** um Abenteuer zu erleben. **c** damit er seinen Horizont erweitert. **d** damit er bessere Berufschancen hat. **e** um sich zu vergnügen. **f** damit er die fremde Sprache lernt. **g** um neue Leute kennenzulernen. **h** damit er selbstständiger wird. **i** um das Leben zu genießen.

9 **a** um leichter reisen zu können. **b** damit meine Kinder bessere Chancen haben. **c** damit meine Familie die gleichen Rechte hat. **d** um mich nicht für eine Staatsangehörigkeit entscheiden zu müssen. **e** damit meine Kinder sich nicht für eine Staatsangehörigkeit entscheiden müssen. **f** um mich in der fremden Gesellschaft akzeptiert zu fühlen.

10 **a** das **b** dass **c** das **d** das **e** das **f** dass **g** dass **h** das **i** dass **j** das

11 Heimweh nach; Interesse an; Lust auf; Verständnis für; Liebe zu; Angst vor; Hoffnung auf; viel Zeit für

12 **a** die **b** meinem **c** einer **d** jedes **e** meiner **f** dem **g** eine **h** fette

13 **a** würde ... machen **b** Würden ... erleben **c** arbeiten würde **d** organisieren würden; würden ... spazieren gehen **e** verdienen würdet; arbeiten würdet **f** begleiten würden

14 haben, hätte; ging; wollen, wollte; wusste, wüsste; sein, wäre; sollen, sollte; durfte, dürfte; heißen, hieße; finden, fand; kam, käme; müssen, musste; können, könnte; gab, gäbe; brauchen, bräuchte; werden, wurde; ließ, ließe; stehen, stünde (stände); tat, täte

15 **a** wäre **b** würde ... gewinnen **c** dürfte ... anschauen **d** ginge ... aus **e** hätte ... / **f** hätte ... / **g** wäre ... / **h** müsste ... tun ... **i** dürfte ... fahren **j** müsste ... helfen **k** müsste ... kümmern **l** könnte ... lesen

16 **a** angerufen hätte **b** gehabt hättest **c** gelogen hätte **d** geschrieben hätten **e** gefunden hätten **f** gemeldet hätten **g** notiert hätten **h** gekommen wäre **i** aufgestanden wärst **j** weggegangen wäre **k** geflogen wären **l** geblieben wärt **m** gewesen wären **n** umgekehrt wären

17 **a** Wenn ich so gut malen würde wie Picasso, würde ich meine Bilder in der ganzen Welt verkaufen. **b** Wenn ich das Talent von Nina Hagen hätte, würde ich Punk-Sängerin werden. **c** Wenn ich so gut wie Franziska van Almsick schwimmen würde, würde ich bei der Olympiade gewinnen. **d** Wenn ich die Fantasie von Michael Ende hätte, würde ich Bestseller schreiben. **e** Wenn ich wie Udo Lindenberg singen würde, wäre ich total cool. **f** Wenn ich so musikalisch wie Anne Sophie Mutter wäre, könnte ich gut Geige spielen. **g** Wenn ich so gut wie Joachim Ringelnatz dichten würde, würde ich über meine Gedichte lachen.

18 **a** zu Hause wären **b** hier etwas zu sagen hätten **c** zum ersten Mal davon hören würdest **d** nichts davon wüssten **e** sehr viel Talent hätte **f** kommen wollte **g** die ganze Nacht nicht geschlafen hättet **h** sehr glücklich wärst

19 **a** Ach, könnte ich doch nur singen wie Reinhard Mey. **b** Hätte ich doch nur nie etwas über meine Vergangenheit erzählt. **c** Wäre ich doch nur erwachsen geworden. **d** Hätte ich doch nicht so oft die Schule geschwänzt. **e** Ach, würde ich doch nicht so viele Fehler beim Sprechen machen. **f** Ich hätte gern alle zwei Wochen Urlaub. **g** Es wäre schön, wenn ich zehn Hunde und Katzen hätte. **h** Ach, würde ich doch nicht jeden Morgen so früh aufstehen müssen. **i** Ich wäre gern Nina Hagen. **j** Ich würde gern fließend Deutsch sprechen.

20 stehen würde; beobachten würde; setzen würde; hätten; erzählen würde; wüsste

Lektion 4

1 **1** In der City **2** den neuen Job **3** PCs **4** checken **5** mit einem Team **6** ein Sandwich **7** E-Mail **8** online

2 **a** allein **b** im Team **c** stundenweise **d** ganztags **e** halbtags **f** selbstständig **g** angestellt

3 **1** viel **2** viel **3** interessante **4** spät **5** Zeit **6** erschöpft **7** langen **8** festes **9** zufrieden

4 **a** ... sodass ich nur nachmittags arbeiten muss. **b** ... sodass ich mehr Zeit für meine Freunde habe. **c** ... sodass ich abends lange ausgehen kann. **d** ... sodass ich am anderen Tag nicht früh aufstehen muss. **e** ... sodass ich nicht mehr so gestresst wie früher bin.

5 **a** Mein Chef ist so intelligent, dass er für alles eine Lösung weiß. **b** Mein Chef ist so fleißig, dass er morgens als Erster im Büro ist. **c** Mein Chef ist so großzügig, dass er jedes Jahr eine Lohnerhöhung gibt. **d** Mein Chef ist so charmant, dass alle Frauen sich in ihn verlieben. **e** Mein Chef ist so tolerant, dass wir auch einmal zu spät kommen können. **f** Mein Chef ist so verständnisvoll, dass er alle unsere Probleme versteht.

6 **a** denn **b** nämlich **c** sodass **d** weil **e** Also **f** weil **g** deshalb **h** nämlich

7 **a** sodass **b** denn **c** weil / deshalb **d** weil **e** deshalb

8 **a** die Sekretärin **b** der Schauspieler **c** die Hausfrau **d** das Fotomodell **e** der Taxifahrer **f** der Reiseleiter **g** der Bäcker **h** der Lehrer **i** die Polizistin **j** die Autorin

9 **a** Pilotin **b** Friseur **c** Ärztin **d** Koch **e** Verkäufer **f** Kellner **g** Professorin

10 attraktiv; freundlich; intelligent; kommunikativ; konsequent; kreativ; ordentlich; pünktlich; tolerant; charmant

11 **a** offen **b** flexibel **c** einfühlsam **d** kontaktfreudig **e** selbstbewusst **f** zuverlässig **g** großzügig **h** sorgfältig

12 unzuverlässig, unflexibel, unpünktlich, ungeduldig
13 großzügig – geizig; selbstbewusst – unsicher; verständnisvoll – verständnislos; offen – verschlossen
14 **1** offenen / aktiven / kontaktfreudigen **2** zuverlässige / freundliche / flexibel **3** geduldig / verständnisvoll / energisch **4** attraktiv / charmant
15 innerhalb außerhalb wegen trotz während
16 **a** wegen **b** während **c** trotz **d** Außerhalb **e** während **f** Während **g** Trotz **h** Innerhalb
17 **a** Während **b** Wegen **c** innerhalb **d** außerhalb **e** Trotz
18 **a** Sie brauchen sich nicht zu bewerben. **b** Sie brauchen sich nicht vorzustellen. **c** Sie brauchen morgens nicht früh aufzustehen. **d** Sie brauchen nicht regelmäßig zu arbeiten. **e** Sie brauchen sich nicht an einen unbequemen Schreibtisch zu setzen. **f** Sie brauchen sich nicht über Ihre Kollegen zu ärgern. **g** Sie brauchen Ihre Arbeit nicht pünktlich zu erledigen. **h** Sie brauchen sich abends nicht erschöpft vor den Fernseher zu setzen.
19 **a** Du brauchst dir keine Sorgen zu machen. **b** Du brauchst dir keinen Stress zu machen. **c** Du brauchst dir keine andere Wohnung zu suchen. **d** Du brauchst keinen Yoga-Kurs zu besuchen. **e** Du brauchst zu keinem Psychiater zu gehen.
20 **a** Du brauchst doch nur früher aufzustehen. **b** Du brauchst ihm doch nur mal die Meinung zu sagen. **c** Du brauchst mit deinem Chef doch nur über eine Gehaltserhöhung zu verhandeln. **d** Du brauchst doch nur deine Arbeit anderen Kollegen zu geben. **e** Du brauchst doch nur weniger zu arbeiten.
21 **a** lesen, aufgeben **b** schreiben, schicken **c** suchen
22 Interessen; Berufserfahrung; Persönliche Daten; Studienvorbereitung; Weitere Qualifikationen; Studium; Schulbildung
23 **a** Individuelles Anschreiben **b** Tabellarischer Lebenslauf **c** Zeugniskopien (Abschluss- und Arbeitszeugnisse) **d** Unterlagen zu weiteren Qualifikationen **e** Referenzen
24 2, 3, 4, 1, 4, 4, 2, 1, 2, 3, 1, 3, 2
25 **a** vitaminreich **b** traditionsreich **c** umfangreich **d** erfolgreich **e** zahlreich **f** fettarm **g** alkoholfrei **h** hilfreich **i** ideenreich **j** autofrei **k** abwechslungsreich **l** kontaktarm **m** gebührenfrei **n** konfliktarm
26 **a** eine kalorienarme Ernährung **b** ein kostenloser Anruf **c** eine konfliktreiche Situation **d** eine hilfreiche Erklärung
27 **a** erfolglos **b** hilflos **c** fantasievoll, fantasielos **d** liebevoll, lieblos **e** mutlos **f** rücksichtsvoll, rücksichtslos **g** sprachlos **h** kraftvoll, kraftlos **i** humorvoll, humorlos **j** gefühlvoll, gefühllos **k** pausenlos **l** ratlos

Lektion 5

1 **a** Vertrauen **b** Hobbys. **c** Interessen **d** Geheimnisse **e** Freiheiten **f** Kinder
2 4, 2, 3, 1
3 **a** hundert Mal **b** so einen Krach **c** ein Mal in Ruhe **d** Wie oft **e** nicht wahr **f** nie
4 1c 2a 3d 4b
5 **1** Bild C: 3, 1, 2, 5, 4 **2** Bild A: 2, 1, 4, 3 **3** Bild D: 4, 1, 3, 2 **4** Bild B: 2, 1, 4, 3
6 **a** Das Beste wäre **b** Ich finde **c** An deiner Stelle **d** Du darfst auf keinen Fall
7 **a** Lust haben zu, dazu, wozu **b** sich erinnern an, daran, woran **c** warten auf, darauf, worauf **d** sich ärgern über, darüber, worüber **e** überzeugt sein von, davon, wovon **f** zufrieden sein mit, damit, womit **g** sich erkundigen nach, danach, wonach **h** bitten um, darum, worum **i** protestieren gegen, dagegen, wogegen **j** Angst haben vor, davor, wovor
8 **a** darauf **b** darüber **c** daran **d** darauf **e** dazu **f** daran
9 **a** 1 darauf, 2 dafür **b** 1 davon, 2 dazu, 3 darüber **c** 1 daran, 2 darauf, 3 dagegen **d** 1 Dazu, 2 darum
10 **a** darauf / Worauf **b** dafür / Wofür **c** dafür / Wofür **d** davor / Wovor **e** damit / Womit **f** damit / Womit **g** daran / Woran **h** darüber / Worüber **i** dafür / Wofür
11 **a** Ich habe keine Lust mehr dazu, Bewerbungen zu schreiben. **b** Ich habe Angst davor, immer nur Absagen zu bekommen. **c** Ich ärgere mich darüber, dass die Absagen immer sehr unpersönlich sind. **d** Ich bin überzeugt davon, immer für die Stellen geeignet zu sein. **e** Ich warte darauf, dass in den nächsten Tagen eine Zusage kommt. **f** Ich habe nicht mehr den Mut dazu, mir Stellenanzeigen anzuschauen.
12 **a** mit ihm **b** darüber **c** mit ihr **d** damit **e** mit ihm **f** dazu
13 **a** Woran, An **b** Worüber, Über **c** Worüber, Über **d** Womit, Mit **e** Worauf, Auf **f** Wofür, Für **g** Wofür, Für
14 1c 2b 3a 4b
15 **1** irgendwie **2** irgendetwas **3** irgendwelche **4** irgendjemand **5** irgendeinen **6** irgendwann
16 **a** Hättest du irgendwann Zeit ... **b** Meinst du, dass wir irgendeinen Grund ... **c** Es hat irgendjemand angerufen .... / Ach, er wird irgendwann zurückrufen ... **d** Du machst irgendwie so ... **e** Kann ich Ihnen irgendwie helfen ... **f** ... du hast irgendwelche Probleme ...
17 **a** bedient **b** Wunsch **c** aufregen / beschwere **d** stört **e** Service **f** Beschwerde **g** Vorschlag
18 **1** guten Englischkenntnissen, langjähriger Erfahrung im Dienstleistungsbereich, einer sympathischen Stimme und großem Interesse **2** mit einer abgeschlossenen kaufmännischen Lehre und einem sicheren Umgang mit Kunden, mit guten Aufstiegsmöglichkeiten und in einem netten Team
19 **a** gegrillten; gemischtem; feiner; einen kleinen **b** meinen schwäbischen **c** andere **d** einen trockenen; einen anderen **e** unserem neuen **f** langsame; einer halben; einzige **g** einen grünen; kleines **h** ein langes; eine andere **i** warmes **j** verschiedene grüne; gerösteten

20 **a** das Geräusch spielender Kinder **b** den Klang singender Vögel **c** das Lächeln der freundlichen Bäckerin **d** den Klang einer schönen Musik **e** die Hilfsbereitschaft eines netten Kollegen **f** den Duft blühender Rosen **g** den Abschied eines guten Freundes **h** den Tod einer geliebten Person **i** die Ungeduld meines langjährigen Partners **j** das Scheitern einer einst glücklichen Beziehung **k** das Misstrauen guter Freunde

21 **1**c **2**f **3**e **4**a **5**b **6**d

22 **a** ablehnen **b** finden **c** vorbringen **d** erfüllen

23 **1** ... Könnte ich bitte mit dem Geschäftsführer sprechen? / Tut mir leid, ... Kann ich etwas für Sie tun? / ... Ich muss ihn persönlich sprechen. **2** Hat es Ihnen bei uns gefallen? / Ich muss Ihnen aber leider sagen, ... **3** Das ist eine Unverschämtheit. ... / Das tut mir wirklich sehr leid, ... / ... Also, mir reicht's!

24 **1**b **2**d **3**a **4**c

25 **a** da **b** Da **c** denn, Da **d** Da **e** denn, Da **f** denn, Da

Lektion 6

1 **a** nach dem Sinn seines Lebens suchen **b** sich die Frage nach dem Sinn des Lebens stellen **c** den Sinn des Lebens in Gott finden **d** über den Sinn seines Lebens nachdenken **e** dem Leben einen Sinn geben

2 **a** für mehr Gleichheit und Gerechtigkeit kämpfen **b** Projekte in der Dritten Welt betreuen **c** etwas Sinnvolles tun **d** sich Luxus leisten

3 **1**e für **2**c auf **3**a für **4**d auf **5**b zum

4 **a** Lebenskrise, die **b** Lebensenergie, die **c** Lebensaufgabe, die **d** Lebenssinn, der **e** Lebensweg, der

5 der Beamte, den Beamten, dem Beamten, des Beamten der Junge, den Jungen, dem Jungen, des Jungen der Kunde, den Kunden, dem Kunden, des Kunden der Angestellte, den Angestellten, dem Angestellten, des Angestellten der Journalist, den Journalisten, dem Journalisten, des Journalisten der Friede, den Frieden, dem Frieden, des Friedens der Gedanke, den Gedanken, dem Gedanken, des Gedankens das Herz, das Herz, dem Herzen, des Herzens Plural: der Beamte, die Beamten, den Beamten, der Beamten

6 **a** Autor **b** Studenten **c** Professor **d** Ehrenamtliche **e** Pädagogen **f** Pfarrer **g** Kollegen **h** Affen

7 **a** Dienstleistungen: tauschen – in Anspruch nehmen – nutzen **b** eine Leistung: anbieten – vollbringen – zeigen **c** eine Arbeit: erledigen – machen – haben **d** einen Preis: vereinbaren – bezahlen – bestätigen **e** auf ein Konto: gutschreiben – einzahlen – überweisen **f** ein Konto: belasten – eröffnen – auflösen **g** einen Beitrag: leisten – zahlen – erbringen

8 **a** jemanden **b** jemand **c** jemanden **d** jemandem **e** jemanden **f** jemanden

9 **a** Man, einen **b** einem, man **c** einen, man **d** einen, man **e** man, einem

10 **a** Ehrendoktor, der **b** Ehrenurkunde, die **c** Ehrenwort, das **d** Ehrenplatz, der **e** Ehrengast, der **f** Ehrenmitglied, das

11 **a** Ehrendoktors **b** Ehrenmitglieder **c** Ehrenplatz **d** Ehrenwort **e** Ehrenurkunde **f** Ehrengäste

12 **a** ehrenamtlich **b** Ehrenamtlichen **c** ehrenamtlich **d** ehrenamtliche **e** Ehrenamtlicher

13 **a** wissen Bescheid **b** stehen zur Verfügung **c** treffen eine Entscheidung **d** machen (über) sich Gedanken **e** nehmen in Anspruch, Einfluss **f** geben Auskunft, Ratschläge **g** spielen keine Rolle **h** gewinnen Einfluss, an Bedeutung **i** stellen zur Verfügung, einen Antrag

14 **a** wissen ... Bescheid **b** Auskunft geben **c** Mach ... Gedanken **d** Ratschlag geben **e** spielt ... Rolle **f** steht ... zur Verfügung **g** Entscheidung treffen

15 **a** Kind **b** Mannschaft **c** Junge **d** Frau **e** Kollege **f** Kameradschaft **g** Partnerin **h** Partnerschaft **i** Allgemein **j** Gemeinschaft **k** Kenntnis **l** Wissenschaft **m** Nachbarin **n** Nachbarschaft **o** Sofort **p** Bereitschaft **q** Onkel **r** Tante **s** Verwandtschaft

16 die Damenmannschaft; die Damengemeinschaft; die Fluggesellschaft; die Religionsgemeinschaft; das Freundschaftsspiel; der Gemeinschaftsraum; der Mannschaftsraum; das Mannschaftsspiel; das Gesellschaftsspiel

17 die Mülldeponie, der Mülleimer, die Müllgebühren, der Müllberg, die Mülltonne, der Müllcontainer der Atommüll, der Verpackungsmüll, der Restmüll, der Giftmüll, der Hausmüll, der Plastikmüll

18 getrennt, weggeworfen, wieder verwertet, sortiert, entsorgt, vermieden, verbrannt

19 **a** Statt um 7 Uhr aufzustehen, bleibe ich bis 10 Uhr im Bett liegen. **b** Anstatt schnell im Stehen zu frühstücken, hole ich mir frische Brötchen und die Zeitung. **c** Statt ein Kostüm anzuziehen, hole ich meine alte Jeans und einen Pulli aus dem Schrank. **d** Anstatt mich vor den Computer zu setzen, telefoniere ich mit einer Freundin. **e** Statt mit dem Auto zu fahren, gehe ich zu Fuß in die Stadt. **f** Anstatt in der Kantine zu essen, verabrede ich mich mit meiner Freundin im Café. **g** Statt abends müde ins Bett zu fallen, gehe ich noch tanzen. **h** Anstatt am anderen Morgen pünktlich in die Arbeit zu gehen, rufe ich an und sage, dass ich später komme.

20 **a** ... anstatt zu jammern **b** ... statt dich über sie aufzuregen **c** ... anstatt einfach an ihnen vorbeizugehen **d** ... statt schlecht gelaunt zu sein **e** ... anstatt dich auf die Arbeit zu konzentrieren **f** ... statt zu arbeiten

21 **1**g **2**b **3**e **4**f **5**a **6**c **7**d

22 **1** Ich kaufe die Limonade in der Pfandflasche statt in der Dose. **2** Ich kaufe Schuhcreme statt Lederspray. **3** Ich kaufe die Milch in der Pfandflasche statt in der Einwegverpackung. **4** Ich kaufe Sahne zum Selbstschlagen statt in der Spraydose. **5** Ich kaufe Joghurt im Glas statt im Plastikbecher. **6** Ich kaufe eine Fliegenklatsche statt Insektenspray. **7** Ich kaufe frisches statt abgepacktes Gemüse.

23 **a** Du könntest das Geschirr spülen, anstatt faul auf dem Sofa zu liegen. **b** Ihr könntet die Fenster zumachen, damit wir nicht umsonst heizen. **c** Du könn-

test das Fahrrad nehmen, denn ich brauche das Auto. **d** Du könntest frühzeitig Fahrkarten kaufen, um einen Fensterplatz zu bekommen. **e** Ihr könntet früher ins Bett gehen, sodass wir morgen früh losfahren können. **f** Du könntest den Mülleimer leeren, weil er so furchtbar stinkt. **g** Du könntest dich selber beschäftigen, anstatt mir auf die Nerven zu gehen.

Lektion 7

1 **a** Film **b** Computer **c** Buch **d** Handy
2 **a** Komödie, die **b** Quizsendung, die **c** Talkshow, die **d** Wetterbericht, der **e** Sportsendung, die **f** Krimi, der **g** Familienserie, die **h** Spielfilm, der **i** Nachrichten(sendung), die **j** Zeichentrickfilm, der **k** Western, der **l** Psychothriller, der
3 **a** Schauspielerin **b** Moderator **c** Regisseurin **d** Nachrichtensprecher **e** Kameramann / -frau
4 **a** spielen **b** berichten **c** drehen **d** führen
5 **a** Farbfernsehen, das **b** Fernsehsendung, die **c** Fernsehsender, der **d** Privatfernsehen, das **e** Fernsehprogramm, das
6 **a** Fernsehprogramm, das **b** Fernsehsendung, die **c** Fernsehsender, der **d** Privatfernsehen, das **e** Farbfernsehen, das
7 Ich: werde … ausgewählt, wurde … ausgewählt, bin … ausgewählt worden, war … ausgewählt worden, werde … ausgewählt werden Du: wirst … ausgewählt, wurdest … ausgewählt, bist ausgewählt … worden, warst … ausgewählt worden, wirst … ausgewählt werden Sie: wird … ausgewählt, wurde … ausgewählt, ist … ausgewählt worden, war … ausgewählt worden, wird … ausgewählt werden Wir: werden … ausgewählt, wurden … ausgewählt, sind … ausgewählt worden, waren … ausgewählt worden, werden … ausgewählt werden Ihr: werdet … ausgewählt, wurdet … ausgewählt, seid … ausgewählt worden, wart … ausgewählt worden, werdet … ausgewählt werden Sie: werden … ausgewählt, wurden … ausgewählt, sind … ausgewählt worden, waren … ausgewählt worden, werden … ausgewählt werden
8 **a** wird … ausgestrahlt **b** wurden … interviewt **c** war … kritisiert worden **d** ist … verboten worden **e** wird … verliehen werden
9 **a** Es ist empfohlen worden, Kindern nur eine Stunde pro Tag das Fernsehen zu erlauben. **b** Das Programm für die Kinder war sorgfältig ausgewählt worden. **c** Es ist diskutiert worden, manche Sendungen nachmittags zu verbieten. **d** Für Kinder wurden viele Sendungen angeboten, die nicht für sie geeignet waren / sind. **e** Fast alle Haushalte sind in den 90er-Jahren verkabelt worden. **f** Das große Angebot an Programmen wird von vielen genutzt werden. **g** Die Eltern wurden nicht über sinnvolle Sendungen für Kinder informiert.
10 **a** Die Zeitschriften werden verkauft. – Die Zeitschriften sind verkauft. **b** Die Bücher werden geschrieben. – Die Bücher sind geschrieben. **c** Der Film wird ausgezeichnet. – Der Film ist ausgezeichnet. **d** Die Kinderbücher werden beschädigt. – Die Kinderbücher sind beschädigt. **e** Die DVD wird ausgeliehen. – Die DVD ist ausgeliehen. **f** Die Sendung wird aufgenommen. – Die Sendung ist aufgenommen. **g** Die Kinder sind frustriert. **h** Die Zuschauer sind interessiert. **i** Die Eltern sind gestresst. **j** Die Schauspieler sind motiviert. **k** Die Gäste sind gelangweilt. **l** Die Themen werden diskutiert. **m** Die Gäste werden empfangen. **n** Die Sendung wird empfohlen. **o** Das Angebot wird genutzt. **p** Die Nachrichten werden gesendet. **q** Verschiedene Programme werden angeboten.
11 **a** Beim Duschen singe ich. **b** Beim Schlafen rede ich. **c** Beim Frühstücken lese ich Zeitung. **d** Beim Lachen muss ich oft weinen. **e** Beim Lesen höre ich Musik. **f** Beim Skateboardfahren telefoniere ich manchmal. **g** Beim Schreiben tut mir die Hand weh.
12 **a** Buchumschlag **b** Titel **c** Autorin **d** Verlag
13 **a** täglich **b** wöchentlich **c** monatlich **d** alle zwei Wochen **e** regelmäßig
14 **a** Rubriken **b** Artikel **c** Nachrichten **d** Anzeigen
15 **a** packenden **b** spannenden **c** bedeutenden **d** faszinierenden **e** anregende **f** anstrengend
16 **1** spannendes / spannend **2** faszinierender / faszinierend **3** anstrengende / anstrengend **4** schockierend / schockierende
17 **a** gekauften **b** gelesenen **c** kritisierten **d** besprochenen **e** ausgeliehenen
18 **a** enttäuschender … bedeutenden **b** recherchierte … ausgewählten **c** überraschende **d** spannender … gelobter **e** schockierende … ausgewählte … sich langweilende **f** gut informierte … geschriebenen
19 **a** löschen **b** schließen **c** ausschalten **d** herausnehmen **e** empfangen
20 **a** die Tastatur **b** das Laufwerk **c** die Festplatte **d** der Monitor / Bildschirm **e** das Modem **f** die Maus
21 chatten, surfen, eine E-Mail verschicken, suchen
22 1b 2a 3a
23 **a** bevor **b** während **c** bevor **d** während **e** während **f** bevor **g** während
24 **a** Wenn **b** Als **c** Wenn **d** Wenn **e** Als **f** wenn **g** als
25 **a** hatte **b** hatte **c** hatte **d** hatte **e** ist
26 **a** Seit **b** Während **c** Vor **d** bis **e** Vor **f** Seit **g** Während
27 parallele Handlung a, d Gegensatz b, c, e
28 **a** surfen, chatten **b** zappen **c** checken **d** faxen, mailen
29 **a** Homepage / Internet **b** Mailbox **c** E-Mails **d** Talkshows **e** Cursor
30 **a** gesurft, gechattet **b** gezappt **c** gecheckt **d** gemailt, gefaxt